산 속 찻집 카페에 안개가 산다

김경수 시집

김경수 시인

1957년 대구에서 출생, 1981년 부산대학교 문학상 시부문 당선, 1993년 『현대시』로 등단.

시집 『하얀 욕망이 눈부시다: 문학세계사 1998』, 『다른 시각에서 보다: 하늘연못 2001』, 『목숨보다 소중한 사랑: 시와사상 2004』, 『달리의 추억: 한국문연 2009』

문학 · 문예사조 이론서 『알기 쉬운 문예사조와 현대시: 시와사상 2006』

2007년 제19회 봉생문화상 수상, 계간 『시와 사상』 발행인, 부산대학교 의과대학 졸업, 한양대학교 대학원 박사과정 수료(의학박사), 부산 김경수내과의원장

goldkiss@unitel.co.kr

시와사상 시인선 17

산 속 찻집 카페에 안개가 산다

김경수 시집

시와사상사

시인의 말

제 4시집을 내고 3년 만에 다섯 번째 언어의 집을 낸다. 시집을 내고나면 항상 다음 시쓰기의 새로운 방향과 형식을 찾아 고민한다. 이번 시집에서는 일반 독자들과도 소통이 가능한 모더니즘의 시를 쓰기도 하다가 아주 소통이 쉬운 시를 쓰기도 하다가 소통이 어려운 형식의 실험을 하기도 한 내 시작의 흔적들을 발견할 수 있을 것이다. 새로운 시 형식을 찾아나서는 시의 사냥꾼이 되려고 하지만 그러한 작업은 참으로 힘든 작업이다. 꼭 내 시를 시집으로 묶어 발표를 해야 하나 하는 의문도 든다. 그러나 내가 생산한 시들은 결국 나의 분신이고 나의 자식들이니 그 시들의 존재가 사라지는 것이 불쌍해서 다시 그 시들을 위한 언어의 집을 내고야 만다. 사랑과 기쁨만으로 이 세상을 살아갈 수만 있다면 얼마나 좋을까?

2012년 2월

김경수

차 례

산 속 찻집 카페에 안개가 산다

제 2 부

차 례

제 3 부

제 4 부

차 례

제 5 부

산 속 찻집 카페에
안개가 산다

제 6 부

제1부

꽃

투명한 바람이 불자 꽃잎들은 바람의 갈기를 잡고 강물 위로 날아가고 강물이 꽃 그림자를 등에 지고 걸어간다. 나이 든 베테랑 수사관이 철제 책상 앞에 앉은 피의자를 취조한다. "동해에서 흰 고래를 훔쳤지?" 파란 모자를 눈썹까지 눌러 쓴 새파랗게 젊은 남자가 대답을 한다. "그것은 단지 꽃이 나를 불렀기 때문이고 꽃은 철새를 사랑한 것이 죄지요. 꽃이 두려워하는 것은 바람의 질투이지요." 수사관이 책상을 쾅하고 친다. 조사해온 증거 자료를 내밀며 "고래의 행방을 대란 말이야." 회전문을 밀고 분홍색 옷을 입은 여인이 꽃다발을 들고 나오고 그 뒤를 따라 검은 색 정장 포켓에 빨간 꽃을 꽂은 신사가 나온다. 비행기 창밖으로 보이는 구름 위로 햇살이 쏟아졌다. 하얀 구름이 아이스크림처럼 녹아내리려고 하자 검은 구름은 낙화처럼 지상으로 뛰어내릴 자세를 취한다. 구름은 하늘에 피어난 꽃이다. 심리학자가 하늘의 심리를 점쳐보지만 바람은 고기압에서 저기압으로 물은 높은 곳에서 낮은 곳으로 흐를 뿐이었다. 안개가 감금監禁한 자작나무 숲은 탈선한 꿈들이 완성해 놓은 궁전이다. 그 궁전 속에서 여름과 꽃은 어울리는 한 쌍의 배우자이다. 능陵과 그 위의 푸른 하늘도 또다른 어울리는 한 쌍의 배우자이다. 하지만 사람들은 항상 어울리는 배우자와 살 수는 없는 법이다. 베테랑 수사관이 담배를 꼬나물고는 불을 붙인다. 훅 불어대는 담배 연기가 회색 망토를 흔들며 하늘로 날아간다. 수사는 미궁에 빠지고 장기전에 돌입한다. '미궁' 이란 책의 저자가 독자에게 사인을 해준다. 미루나무 그늘 아래 머리에 빨간 꽃을 꽂은 여인이 서 있다.

그 연못

레몬 향기의 빛깔을 보았습니까? 빛나는 그 향기를 물고 비단잉어떼가 몰려왔다 몰려갑니다. 물 위로 빨간 장미꽃잎들이 떨어지고 물속은 이내 마개를 닫은 유리병 속처럼 고요가 지배를 합니다. 고요를 벗어난 조금의 소음도 하나의 사건이네요. 밤이면 수면에 떠있는 별빛을 먹기 위해 비단잉어떼가 수면에 입을 대고 뻐끔거리는 모습은 현재의 문자가 있기 이전의 상형문자이네요. 그렇게 물 밑은 수많은 입술들이 소리나지 않게 입을 벌렸다 오므렸다 하며 침묵 속에서 서로의 의사를 전달하였고 수면이 잠시 흔들렸어요. 그것은 바람이 레몬 향기에 이끌려 걸어가는 흔적이지요. 말하지 않음으로써 더욱더 아름다운 생각과 상상이 있게 하는 것이 그곳에서의 미덕이지요. 겨울이 다가오자 연꽃들은 모두 떨어지고 푸른 잎들만 물 위에 떠있습니다. 연못 위로 마음이 일그러진 세상 사람들이 던진 돌이 날아오자 일순 연못의 정적은 깨어졌고 황급히 자리를 피하며 돌아다 본 연못은 사랑하던 연인으로부터 버림받은 인간의 시퍼런 가슴을 가지고 있었어요. 나에게 눈길 한번 주지 않던 도도한 양귀비의 눈동자에 빠져들면서

서서히 깨닫지요. 내가 본 그 연못은 그림 속에서 장미 화원 옆에 있었다는 것을. 레몬 향기가 연못의 물방울들을 끌어안고 날아갑니다. 물방울들은 연못 속의 잉어떼들의 가장 선한 말들을 가슴 속에 꼭꼭 간직한 채 사라질 순간을 기다립니다. 순간이 잉어떼들의 현재를 해체합니다. 해체되는 시간의 한 파편 속에서 노란 리본을 단 레몬 향기가 폴폴 날아오릅니다. 한 시대를 풍미風靡하던 영웅도 순간에 의해 사라지고 의미 있는 삶이나 의미 없는 삶은 애초에 없었습니다. 자연 앞에 서면 인생은 하나의 소박한 자연 그 자체일 뿐이지요. 그런 인생에도 레몬 향기가 배어날 수가 있지요.

별 1

안개로 둘러싸인 숲을 텅텅 울리며 걸어내려오는 소리였습니다. 지독한 사랑의 후유증으로 드러누운 방에서 창窓을 통해 보았던 그 여인의 깊고 그윽한 눈동자였습니다. 이별 후에 돌아서 후회하기에는 너무도 먼 거리였습니다. 그녀가 멀어져간 후에 가슴을 찔러대던 송곳 같은 눈물이 거기에 있었습니다. 성탄절 늦은 밤 불 켜진 성당에서는 은총을 서로 주고받으며 사람들은 저마다의 가슴에 꽃을 답니다. 성도聖徒들이 한 목소리로 부르던 성가聖歌가 긴 행렬을 이루고 반짝이며 그것이 있는 하늘로 올라갑니다. 그것은 포탄을 쏘아도 닿지 않는 먼 곳에 자리하고 있습니다. 부리가 날카로운 매가 위로 솟구치다가 지쳐 다시 지상으로 낙하하는 거리에 위치한 채 미소 짓고 있습니다. 호기심 많은 사람들은 천체망원경을 통해 감시합니다. 바람의 시퍼런 소리가 펄럭입니다. 벌모꾼들이 쓸데없는 꿈들을 톱질하고 있습니다. 꿈들이 옆으로 쓰러지며 고함을 지릅니다. 사람들은 이루지 못할 꿈을 꿀 때에 거기에 자신의 이름을 하나씩 걸어둡니다. 물고기 좌座, 공작새 좌, 곰 좌 그것들은 슬픈 풍경을 밝히기 위한 램프였습니다. 봄날은 가고 여전히 물고기가 우는 소리를 듣습니다. 천 년을 살기 위해 꽃을 먹고 산다는 소문이 있습니다. 그것은 밤이면 누구를 위해 종을 울릴까요.

노란 은행나무가 줄지어 서있는 보도步道

당신 가슴에도 꽃을 심어놓았는가. 내 가슴에는 키가 크지 않는 작은 나무를 심어놓았다. 그 나무는 자신이 사랑하는 계절에만 꽃을 내민다. 하늘이 파랗게 보이는 이유는 측정할 수 없는 사랑의 깊이에 있다. 파란 하늘 저 끝으로부터 바람이 세게 분다. 은행나무가 줄지어 서 있는 보도를 걸어간다. 힘 센 바람이 가지를 흔들자 노란 은행잎들이 비처럼 우수수 떨어져 내린다. 보도에는 노란 은행잎들이 쌓이고 소녀들은 떨어지는 노란 은행잎들을 머리에 맞으며 깔깔 웃는다. 우리 모두의 가슴 속에도 꽃은 자라고 있다. 사랑 그리고 우정, 따뜻한 인정. 차들이 씽씽 달려가는 차도 옆 보도에 은행나무가 줄지어 서 있다. 그 보도를 지나는 사람들은 저마다 가슴 속에 엽서를 품고 있다. 사랑하는 사람에게 보내는 엽서나 멀리 떨어진 자식에게 보내는 편지가 따뜻한 종소리를 낸다. 은행잎들이 노란 눈송이처럼 내린다. 노란 눈을 밟으며 사람들은 미소를 짓는다. 우체국에 가지 않아도 따뜻한 사연을 담은 편지는 정다운 사람들에게 빠르게 전달된다. 노란 은행잎들이 그대가 오기를 기다린다. 따뜻한 인정이 바람에 날리고 지나가는 사람들은 보도에 쌓여진 은행잎들을 밟으며 은행잎들의 노래 소리를 들으며 웃는다. 노란 은행잎들을 밟고 가는 사람들은 모두 천사의 날개를 달고 있다. 노란 은행잎 비처럼 하루 하루의 삶에 아름다운 일들만 있으면 얼마나 좋을까. 끊임없이 꽃이 피고 새가 노래해도 인생에서 아름다운 날들이 얼마나 오래 남아있을까.

나목裸木

빨간 지붕 찻집 옆에 나목들이 모여 있다. 새벽부터 도시에는 눈이 내렸고 찻집 문 안으로 키 큰 청년이 빈 가방 속의 적막을 든 채 들어와 어깨에 쌓인 눈을 털었다. 나목의 가늘고 긴 가지에 푸른 바다가 걸려있었다. 폭풍이 불었고 홀로 항해하던 배 하나가 위태롭게 좌우로 흔들렸다. 가지들이 품은 물들을 모두 지하의 뿌리로 밀어내고 스스로 말라버린 나목은 마지막 지하철 열차가 떠난 후의 텅 빈 승강장이었다. 청년은 길고 추운 나목의 그림자를 함께 끌고 왔다. 하루 종일 눈이 내려도 아무도 눈을 덮어쓴 나목에 관해 관심을 두지 않았다. 눈으로 뒤덮인 산 위로 매가 큰 날개를 편 채 보이지 않는 먹잇감을 찾으러 길고 긴 선회를 하였다. 일순 침묵이 흘렀고 하얗게 김이 서린 창문을 닦아내자 사람들의 일생을 싣고 달리는 시간 전차가 보였다. 하늘로 끝없이 빈 가지들을 뻗는 나목도 달려가는 시간을 막지 못했다. 겨울은 북극의 한파寒波를 나목에게 쏟아부었지만 나목의 부고訃告는 날아오지 않는다. 살아남아야 할 간절한 사연이 손을 내민다. 누군가를 기다린다. 어느 한 시점을 기다린다. 태어남 자체가 끝까지 살

아남아야 할 이유가 아닌가. 입을 굳게 닫고 있던 나
목이 들리지 않는 노래를 오랫동안 불렀다.

목마木馬와 숙녀를 버리고 새는 날아가고

'엘 콘도르 파사El Condor Pasa' 라는 페루 음악의 선율이 흐른다. 스페인의 200년간 폭정에 항거하여 페루에서 잉카인들이 농민 반란을 일으켰고 농민혁명을 일으킨 '콘도르칸키Condorcanqui' 는 잡혀 처형되어 독수리 콘도르가 되었다. 새는 날아갔고 기다리는 사람은 오지 않고 빼앗긴 들에는 봄이 오지 않았다. 바람이 불자 포탄에 그을린 깃발이 사정없이 흔들렸고 한 잔의 술을 마시고 우리는 슬픈 울음소리를 내는 '마추픽추' 계곡을 기억해야만 한다. 산상山上 신전神殿에 불을 켜 두어도 돌아오지 않는 콘도르를 하염없이 기다리다 잉카인들이 먼 길을 떠났다. 늦은 밤 외항선의 등불은 켜져 있고 떠나갈 사람의 사연이 눈물에 젖어 반짝이고 있어도 우리는 처량한 콘도르의 울음소리를 기억해야만 한다. 모든 것들이 떠나도 연주자는 피리를 불었고 보이지 않는 음률이 새처럼 파닥이며 청중들의 가슴 속으로 날아갔다. 그저 가슴에 남은 희미한 서정抒情을 붙들고 우리는 잉카인들의 서러운 이야기를 들어야 한다. 눈을 뜨고 한 잔의 술을 마시지 않아도 금정문화회관 안에는 아름다운 선율이 눈이 되어 내렸고 사람들의 머리에는 축복처럼 하얀 눈이 쌓여갔다. 사람들이 콘도르처럼 날아다니는 음률을 보자 상심傷心한 별은 사람들 가슴에서 가볍게 부서졌다. 사랑도 운명도 시간도 모두가 형형색색의 모자를 쓰고 날아다닌다. 인생은 외롭지도 않고 그저 유행가처럼 통속하거늘 한탄할 그 무엇이 있어 우리는 떠나는 것일까. 콘도르는 하늘에 있고 잉카인들의 노래 소리는 귓전에 철렁거리는데 기타 선율이 우리들 쓰러진 술병 속에서 목메어 우는데 여자 가수가 경쾌하고 빠른 노래를 더한다. 우리가 간직한 페시미즘의 미래를 위하여 새는 파란 빛을 띠기도 하였다가 하얀 빛을 띠기도 하였다가 힘껏 파닥이며 안데스 산맥 저 멀리로 날아간다. 콘도르의 울음소리는 우리들 쓰러진 술병 속에서 목메어 우는데.

창문窓門

창문을 통해 풍경風景이 집안으로 들어옵니다. 내가 풍경 속으로 들어갑니다. 풍경의 생각이 들어옵니다. 풍경은 냉정한 얼굴을 하고 있습니다. 풍경의 생각을 돌리려고 애를 써보지만 고기압에서 저기압으로 강풍이 불어와 커튼이 찢어지고 노한 강풍이 창문을 마구 흔들어댑니다. 흔들리는 창문을 통해 풍경을 봅니다. 냉정한 풍경은 창문을 통해서 나를 보려고도 하지 않습니다. 결국 창문을 통해 풍경이 품고 있는 생각의 포로가 됩니다. 내가 풍경의 생각을 열어 온기溫氣를 주어도 풍경은 자신의 정해진 생각의 큰 원리에 의해서만 사고하고 행동합니다. 꿈을 꿉니다. 풍경이 꾸는 꿈속에 홀로 서 있습니다. 내가 그의 꿈을 멈추게 하려고 노력합니다. 내가 그의 생각을 바꾸려고 노력하면 할수록 그것의 생각은 더욱더 완고해져만 갑니다. 창문이 남루한 행색行色의 나그네를 보여줍니다. 눈물이 흐르고 사람들의 간절한 기도祈禱가 찢어집니다. 강물 같은 누군가의 울음 곁에서 작은 풀잎 위 이슬이 빛나고 있습니다. 창문을 통해 익숙한 풍경이 집안으로 들어옵니다. 내가 풍경의 마음속으로 들어갑니다. 세상은 더욱더

차가워지고 우리의 생각을 붙들고 있는 창문은 따뜻해집니다. 검은 커튼으로 창문을 가릴 때 비로소 사람들은 창문의 의미를 볼 수 있습니다.

아름다운 세상

시간은 햇살의 방향을 인생의 어느 교훈만큼 이동시키게 하고 그림자가 점령한 영토를 목련 꽃잎 크기만큼씩 바꾸게 한다. 그림자가 점령한 것은 상상력이다. 사람들은 현재라는 찰나刹那만 쥐고 살면서 지난 시간을 그리워하거나 증오하기도 하지만 인생이라는 빛과 그림자 사이에서 상상력이 유일한 위안이다. 미래의 강에 몸을 담그는 것도 상상력을 만나 위안을 받기 위함이다. 미래의 강은 구십 년 만의 한파로 꽁꽁 얼었고 얼음 위에 쌓인 눈은 인생의 그림자를 닮았다. 머리에서 성스러운 빛을 내는 하얀 비둘기들이 수직으로 낙하하여 얼음이 풀린 곳에서 영생永生을 꿈꾸며 신성한 물을 마신다. 아파트 입구 화단에 백목련이 활짝 피었다. 제 무게를 이기지 못한 백목련 꽃잎이 지상에 떨어져 누워 녹슬어간다. 이 세상에서의 모든 아름다움은 찰나이다. 가슴이 아픈 그것은 인생은 어떠한가에 대한 답변이었다. 철학적 자태를 뽐내는 목련꽃 그늘은 보이지 않고 그 아래에서 책을 읽는 사람도 없다. 바람이 쇠를 두드리자 무거운 진동이 긴 여운을 남긴다. 사월 한 철을 장식하기 위해 벌거벗은 채 살아온 벚꽃나무들은 분홍빛 벚꽃들을 팝콘처럼 터뜨리며 소리 없는 축제를 연다. 벚꽃나무 밑에서 벚꽃들을 보면 벚꽃잎들은 하늘에 떠있는 물고기들이다. 바람이 불면 지느러미를 흔들며 떼를 지어 한 방향으로 움직이다 수명이 다하면 땅바닥에 몸을 누인다. 세상의 빛깔이 아름다우면 아름다울수록 더욱더 서글퍼지는 이유는 무엇일까?

삶의 풍경

겨울이 지나고 봄이 와도 사람들은 제 위치를 알지 못한다. 가장 적합한 자리에 있어야 할 그들이 항상 제 자신의 위치를 벗어나 상승의 기회만 엿본다. 웃음에도 정지停止가 필요한 법. 바쁘게 살아가더라도 잠시 정지해보는 것이 가장 멋있는 행위이라는 것을 알기나 하는지? 나는 이제 기억하지 못한다. 벚꽃나무의 사상과 정서를. 서서히 녹슬어가는 쇠가 되는 기분이다. 회상하지 말자. 지나온 삶의 어느 구석에 즐거움이 만발했던가? 술집에서 친구와 아무리 오랜 시간 감정을 잡고 이야기해도 위선의 탈을 쓴 감정이 수학 공식으로 풀려나온다. 살다 보면 심하게 취하고 싶을 때도 있고 세상 시인들의 시집들은 수면제가 되어 헌 책방 골목에 가지런히 진열되어진다. 많이 팔아야 인기가 있는 이 세상에서 파는 재주가 없는 나는 절망을 씹으며 늦은 밤을 맞으니 나를 알아주는 것은 밤의 어둠뿐이구나. 봄비가 나를 방문하여 내 어깨를 토닥이다 간다.

제2부

산 속 찻집 카페에 안개가 산다

산 속에 있는 찻집 카페에 안개가 산다.
그 안개는 물고기 모양을 하였다가
밤새 혼자서 불을 밝히고 논다.
찻집 카페가 있는 그 밤의 산 속 어두컴컴한 안개 공원에
나무들이 흑백 영화관을 열었다.
빛과 어둠만이 있는 그 공간에서는
소리와 감촉만이 진정한 시민이다.
소리들과 차가운 감촉이 뛰어다니며 놀았고
모든 생물들이 관객이다.
아무것도 보이지 않는 안개 속에서는
낙엽들도 저희들끼리 모여서
몸을 부딪혀 소리를 내며 자신들의 위치를 알린다.

오랫동안 침묵하던 비가
일순간 육중한 소리를 내며 지상을 강타할 때
안개 속에 묻혀 있던 산 속의 새가 공포에 질려 울었고
안개를 밀고 다니던 눈먼 바람은
새의 깃털을 흔들며 위로했다.

산 속 찻집 카페에 사는 안개를
구름이라고 부르기도 한다.
양떼구름이 되기도 했다가
비행기가 지나간 자리를 따라 가늘고 길게 늘어선
비행운飛行雲이 되기도 했다가
자기가 원하는 모든 모습으로 바꾸며 노는 새털구름이 되기도 하였다.
산 속 찻집 카페 출입문 앞에
원하는 모습으로 원하는 시간동안 자유를 얻는다는
소문을 듣고 찾아온 늙은 구름이 정지했다.
단 한 번의 자유로운 변신이 유일한 꿈이었다.

일기예보보다 먼저 폭풍이 몰려왔다.
미처 준비가 안 된 산 속 카페의 창문을 강풍이 무섭게 흔들었고
산 속 카페 내부에는 마음껏 변형을 즐기던 구름들이 공포에 떨었다.
폭우 속에서 항상 우리는 죽음보다 무서운 불확실성을 먼저 만나며
우리는 만난 적이 없지만 헤어졌다.

무서운 적막감이 해일이 되어 덮쳤다.
해야 할 일들이 너무 많아 살아남기를 간절히 기도하였고
하루가 25시가 되기를 간절히 기원하였지만
인생이라는 불확실성의 제국인 산 속 찻집 카페에서는
늙음은 오히려 축복이다.

소리 없는 것들의 슬픔

세상을 꼼꼼히 둘러보면
세상 천지에 소리를 내지 못하는 생물들이 널려 있다.
소리를 내지 못하는 생물들의 슬픔을 안고
아무리 정밀한 톱니바퀴가 시곗바늘을 돌리고 돌려도
말 못하는 생물들의 슬픔을 다 표현할 수 없고
사람들은 말 못하는 생물들을 밟고 지나간 바람의 얼굴을 기억하려고 한다.
바람이 지나가건 비가 오건
살아있는 생물들의 슬픔은 그렇게 수없이 세포분열하였다.
살아있는 것, 생각하는 것이 슬픔의 근원이었다.
죽음에 이르는 가장 악성 병인病因인 슬픔에 감염되어도 살아남기 위해
사람들은 매일 슬픔을 대하고 일상에서 슬픔에 대한 예방접종을 받는다.
세월이 무심히 흐를 때
언제나처럼 무심한 일들은 무심한 사건들을 출산出産하고

사람들은 무심하게 하루의 일과를 시작하고 마감한다.

늙은 존재들을 인생의 종점으로 실어나르는 시간이라는 열차도

무심히 매일 똑같이 운행되어지고 있었고

아우슈비츠Auschwitz로 가는 열차처럼

청소하는 열차가 도착하는 시각에 맞추어 늙은 존재들이

불안한 표정으로 플랫폼에 줄지어 서있었다.

소리를 내지 못하는 생물들의 한恨이 이 세상을 꽉 메운다.

소리가 사라졌고

살아있는 것들의 표현 양상인 소리의 밝은 빛깔을 보고 싶어하는 사람들이

벌떼처럼 몰려와 소리를 찾기 위해 눈들을 크게 뜨고

피부에 닿는 촉감에 예민하게 반응한다.

소리를 내지 못하는 생물들에게 살아있는 것이 슬픔의 근원이라고

소리를 내는 생물들이 소곤대지만

소리를 내는 생물들에게도

소리를 내는 그만큼과 생각을 하는 그만큼의 불안이 혼합되어진

더 큰 슬픔이 존재하였다.

말 잇기 놀이

한 사람의 얼굴을 배경으로 그 사람과의 추억이 휘날린다.

깃발 옆에서 연인戀人들이 가장 사랑스러운 포즈를 취한다.

심해深海 한 가운데서 무심한 파도가

한 젊은 여인의 연인인 선원을 깨운다.

폭풍이 몰려오고 있었고

폭풍으로 창문이 심하게 흔들리는 대학교 강의실에서

철학 교수가 "뒤를 보다"가 무엇인가라고 묻는다.

뒤를 돌아보면서 혹은 변을 보고나서

새들도 먹이 주는 시간을 고대할까?

어미 새가 주둥이로 새끼 주둥이에 되새김질한 모이를 넣어준다.

그것은 약속 시간을 알려주는 메모였다.

철학 시간에 정답이 없는 것이 철학이라는 것을 배운다.

강의실을 나와서 교정을 걸을 때 눈이 내렸고

눈송이로 뒤덮힌 흐린 하늘을 올려다보자

거인이 달을 두드려내는 아름다운 징소리를 들었다.

함박눈 내린 길을 밟으며 발자국을 남기며 걸어갔던

가슴을 얼게 하는 고향이란 두 단어

한 사람의 얼굴을 배경으로 바람이 불었고 추억이 휘날렸고

오랫동안 떠나온 고향은 차창을 덮은 서리였다.

입김으로 차창을 닦아내면 보이는 그리운 얼굴들이었다.

그리워하면서 산다는 것은 아픔이면서 찬란한 기쁨이었다.

없음 이후에 이어지는 있음

커튼을 젖히자 창밖에는
시들어 떨어진 꽃잎을 그리워하는 나비가 날개를 퍼덕이고 있었다.
나비의 서식지는 흘러가는 시간의 물결 속이었으므로
늙은 꽃잎은 부활을 위해 망설임없이 땅으로 몸을 던지고
새로이 돋아난 젊은 꽃잎이 나비를 맞이하였다.
어떤 종결된 인생에게도
나비와 함께 내일의 아침은 반드시 돌아오므로
이별의 아쉬움은 부질없는 것.
젊고 붉은 꽃들이 스크럼scrum을 짜고 나뭇가지를 잡고 흔든다.
떨어지는 포환의 아름다운 궤도를 보면서
사라짐은 새 삶을 위한 조용한 준비일 뿐이다.라고
목의 깃털이 푸른 새가 일갈一喝한다.
위암 말기의 시한부 인생이 된 젊은 의사가
앞으로 하고 싶은 것도 많은데 왜 나는 이 좋은 세상을
일찍 떠나야 되냐고 눈물을 글썽이며 묻는다.

해가 지는 산등성이에서
언제나처럼 같은 해가 다시 떠오르고
황혼이 따뜻한 종소리를 낼 때
언제나처럼 새싹이 돋아날 준비를 하고 있었다.
너와 나 사이엔 항상 예기치 못한 이별이 있고
우리의 간절한 기도와는 관계없이
이별은 한순간에 이루어지지만
이별의 연장은 만남이고
죽음의 연장은 새로운 삶이다.라고
책상 서랍이 열리며 일갈한다.
삶과 죽음은 한 공간에 함께 살고 있는 자웅동체일 뿐이다.
삼십칠 세의 여배우 장진영이
위암 말기를 맞이하여 조용히 저 하늘의 별이 되었다.
커튼을 젖히자 창밖에는
새로이 태어난 꽃잎을 애무하는 나비가 있었고
하늘의 별이 된 사람들의 따뜻한 침묵이
부레옥잠 꽃으로 태어나 이 세상의 연못에서 노래하고 있었다.

탑

탑은 침묵을 무기로 사람들을 모은다.
이 세상의 끝을 보듯
둘러앉아 침묵하는 식탁에서
우리는 무슨 이야기를 할 수 있는가.
탑은 그 자리에 있는 것으로
사람들에게 수많은 이야기를 한다.
수백 년 된 창과 화살이 날아오고
사라진 왕조의 왕과 신하들의 억울한 죽음이
뱀처럼 스멀스멀 기어나온다.
침묵하는 식탁 옆으로
푸른 눈의 페르시안 고양이는
강아지처럼 쪼르르 달려와 안긴다.
페르시안 고양이는 강아지인가, 고양이인가?
탑 옆의 화단에서 칸나가 웃을 때
처마 아래에서 비를 피하던 나는
끝끝내 참던 울음보를 터뜨렸다.
더러운 물에서 핀 연꽃 밑으로
살찐 금붕어들이 떼를 지어 유유히 지나가는 것을
보았기 때문이다.
침묵의 무게로 사람들의 관심의 대상이 되는

탑의 침묵 앞에 서서 사람들은
침묵 속에서 들리는 더 많은 이야기들에 대해 호기심이 많다.
돌보다 더 단단한 침묵 속에서 건져낸
낙화洛花의 미학美學에 대해 서로에게 눈빛으로 전한다.
눈이 내리면 볼 수 있을 것이다.
순백의 또다른 침묵이 침묵을 만나며
연출해내는 거대한 소리의 축제를

사물들의 그리움

한 사물로 다른 한 사물을 내려칠 때
그 경계선에는 어떤 끈적끈적한 그리움이 있었다.
서로가 합일合一이 되고 싶은 절절한 사물의 마음이 있었다.

잠수함과 합일이 되기를 바라는 폭뢰爆雷들을
군함이 바다 밑으로 하염없이 떨어뜨린다.
바다 속에서 계속해서 터지며
거대한 진폭을 만드는 폭뢰爆雷들
무서운 폭발음에 몸을 떠는 잠수함
합일을 무서워하는 쪽도 있다.

노천 카페에서 사람들은
군함이 잠수함을 이기는지
잠수함이 군함을 이기는지에 대한 내기를 한다.
그러나 사물의 본질을 아는 사람은
사물의 그리움의 크기가
사람의 그리움보다 큰 것인지에 관심을 가진다.

별 2

어항 속의 금붕어가 조용한가.
하늘의 별이 더 조용한가.
붙박혀 있는 별이나 어항 속을 돌아다니는 금붕어나
이 생에서는 그 슬픔의 무게는 똑같다.
똑같은 무게를 매달고 차갑고 단단한 비가 내린다.
별이 보낸 젖은 마음이 적힌 엽서가
수직으로 떨어져 내린다.
새 소리, 풀벌레 소리를 들으며
사람들은 하늘의 별을 보고 꿈을 꾸지만
영원히 붙박혀 있어야 하는 것들의 비극은
언제나처럼 영원히 끝나지 않는다.
매일 새로운 별 하나를 출산할 때마다
조금씩 무거워지는 하늘의 무게로
하늘이 조금씩 지상으로 하강하지만
지상의 미물들은 걱정도 없이
지상에서의 짝짓기에만 열중한다.
끊임없이 늘어나는 저 하늘의 수많은 별들이
언젠가는 하늘을 꽉 메워
하늘 전체가 거대한 빛덩이로 바뀌는 날이
반드시 올 것이라는 공상을 하는 늦은 밤에

태초에 시간의 그물망에 포획되어 자유를 잃었다고
고요 속에서 데모를 벌이는 별들의 군중이 함성을 지른다.
너럭바위 옆 키 큰 상수리나무의 나뭇잎들이
바람에 팔랑이며 측은한 눈빛으로
별들의 젖은 마음을 전하지만
인간들도 시간의 그물망에 갇혀 운명의 처분만을 기다리는
하루살이 인생이다.

떠나가 버린 사랑과 기상 캐스터

먼 바다로부터 태풍이 온다고
젊은 여자 기상 캐스터caster가 일기예보를 하자
모든 사람들의 눈동자와 귀가 한 곳으로 몰린다.

떠나가버린 사랑은 다시 올 것인가?
아련한 추억이 만들어낸 무지개를 서쪽 하늘에서
잠시 볼 수 있을 것이라고 기상 캐스터가 예보한다.
우리에게도 가버린 봄은 다시 올 것이니
우산을 준비하고 집을 나서라고 말한다.

태풍이 오고 건물의 간판이 떨어질듯 마구 흔들리고
그 사람과의 이별의 추억이 가슴을 마구 헤집고
기상 캐스터는 지독히 아픈 사랑을 조심하라고 예보한다.
가슴 속에 바람이 불고 비가 내리고 눈이 내릴 수 있으므로

사랑했던 사람은 나를 떠났지만
식음食飮을 전폐全廢하고 몇날 며칠을 누워서 지냈지만

그것이 사람을 성장시키는 습기라고 예보한다.
실제로 따뜻한 동남풍이 불면 꽃은 정상적으로 성장하지만
러시아 쪽 대륙에서 불어오는 찬 북서풍에
꽃은 시들 수도 있다는 전제前提를 친절히 달아주면서

떠나가 버린 사랑은 북동쪽으로 영원히 날아가 버렸고
오늘은 훈훈한 온기의 추억만이 하루 종일 종을 울릴 것이라고
그 여자 캐스터가 반복해서 예보해준다.
그 여자 캐스터가 안개로 옷을 지어 입는다.

누구에게나 이별은 있다

함께 있던 사람이 떠나고나서야 뒤돌아보면
그땐 늦다는 것을
사람들은 너무 늦게 깨닫는다.
잘 해줄 수 있는 때는 함께 있을 때 뿐이기 때문이다.
바람을 이고 있던 이파리 하나가 땅으로 떨어져 말라간다.
이파리의 형체가 사라지는 것을 별이 내려다보고 있다.
밤마다 별빛이 내려와 앉아 있었던 그 이파리 위에
별의 고요와 함성이 함께 있다.
별이 빛나는 밤에
바람의 갈기를 잡고 있던 나무는 초조하게
나무를 떠나 돌아오지 않는 새들을 기다린다.
나무들이 사는 숲 속에서
나무들은 각자가 모두 섬이다.
새가 떠난 이후로
그 섬들은 가지들로 어망魚網을 만들어
파닥이는 바람을 잡으며 놀다가
밤새 혼자서 어두움을 견뎌내야 한다.

나무들이 올려다보는 하늘 그 깊은 속살 우주를 떠돌아다니던
인공위성도 오래되면 우주에 버려진다고 한다.
기계와의 차갑지만 가슴 아픈 이별
기계와의 이별에도 차디찬 슬픔이 있었다.
폐차장에 기계를 버리기도 전에 심금을 울리는 전율戰慄
그와 함께 감정에도 속도가 있다는 것을 알게 된다.
빛보다 빠른 사랑과 이별의 감정
거실에는 먼지들이 떨어져나온 머리카락을 중심으로 자기들끼리 모여서
하나의 섬을 형성하고는 미세한 소리를 낸다.
진공 청소기가 먼지의 소리를 빨아들인다.
멀어져가는 먼지들의 슬픈 소음
사라지는 자보다는 사라지는 것을 바라보는 식솔食率들의
마음이 더 아프게 찢어진다.

사라져가는 것들을 위하여

기상대가 아무리 정밀한 과학 기구를 사용해도
다음에 부는 바람의 정확한 행선지를 알 수 없는 것처럼
어디로 가는지를 함구緘口하고 있는 독립군 같은 바람을 앞에 두고
고참 수사관이 아무리 윽박질러도 바람의 정확한 진로를 알아낼 수가 없다.
바람이 그렇게 슬픈 눈매를 한 것을 그때 처음 보았다.
그것들은 늙은 코끼리처럼 항상 소멸消滅할 곳을 찾아가기 때문이다.
훌쩍이는 바람의 등을 두드리며 비가 소리를 낼 때
키 큰 나무의 나뭇가지 위에 올라앉아 있던 새가 울었고
바람은 울고 있는 새를 달래주기 위해
새의 깃털을 흔들며 제자리에서 노래하고 빙글빙글 춤추고 있었다.
춤추는 바람 소리를 들으며
열차가 도착하는 시각에 맞추어 구름이 잠시 정지했다가

다시 비가 되어 사라져갈 땅을 찾아 움직였다.
천둥소리보다 먼저 폭풍이 몰려왔다.
제일 높이 떠있는 구름을 기념하기 위해,
가슴이 터지도록 외치는 천둥소리의 소멸을 위로하기 위해
폭풍은 무섭도록 거대한 힘을 쏟아내고는 사라졌다.
뿌리를 드러낸 채로 넘어진 나무들을 위로하며
이 지상의 소멸을 앞둔 모든 생물들이 노래를 불렀다.
살아있는 생물들은 본다.
살아있는 미물微物들이 부른 노래가
지느러미를 흔들며 숲을 지나고 강을 건너서
이 세상에 태어난 슬픈 눈매의 모든 생물들과
세상을 지배하는 사람들이 남긴 상처와 폐허를
따뜻이 어루만지고
이미 사라져간 모든 생물들의 혼을 달래는 것을.

이별하지 말자

오래된 기계와의 이별에도
차가운 슬픔이 있듯이
한 사람이 가고나면 마음만 남고
추억은 칼이 되어 가슴을 깊이 찌른다.
침묵이 손을 흔들었고 벤치는 언제나 벌거벗은 채
마음이 가난한 사람을 맞이했다.
인생도 벌거숭이
구름도 벌거숭이

벤치 옆에 서있는 새는
비록 땅에 발을 대고 있지만 눈은 천국을 본다.
흰 새들이 떼지어 날아오는 모습은 아름다운 화음和音이다.
새들이 날아가는 방향으로 옥색의 가을 하늘을 수놓은 양떼구름은
빨갛게 물들은 단풍잎들처럼 사라져간 영혼도 볼 수 있을까.

새도 날아갔고 구름도 흘러갔지만
만날 때 이별이 예정되어 있고

태어날 때 떠나는 날이 예정되어 있을지라도
사랑하는 사람아 언제이든 우리는 이별하지 말자.
지금 이별하면 어느 때 어느 별에서
그대를 다시 만날 수 있단 말인가?

강물을 보다

강물이 흘러가고 있다.
벚꽃이 만개滿開한 강변을 따라 사람들이
뛰어가거나 자전거를 타고 가거나
롤러스케이트를 타고 나아간다.
강물은 스크럼을 짜고 앞으로 나아가는 시위대의 형상이다.
강물은 금메달을 딴 후 대형 태극기를 흔들며
아이스링크 경기장을 도는 쇼트 트랙 선수들의 형상이다.
벚꽃 비가 쏟아진다.
벚꽃잎들이 강물 위에 편안히 누워 잠든다.
잠든 벚꽃잎들이 내는 소리가 분홍빛으로 팔랑인다.
강물은 사랑하는 사람에게 보내는 비밀스러운 편지다.
그 편지의 답을 기다리는 떨리는 마음이다.
강물은 이별이 어떤 색깔로 펄럭이는가를 보여주는 풍경이다.
혁명의 계절에 머리에 붉은 띠를 두른 노동자들이
줄을 맞추어서 앞으로 행진하며 부르는 노래이다.
노래가 흐른다. 노래가 춤춘다.

강물은 역 앞 광장에서 한 손을 앞으로 힘차게 올리며
단결을 외치는 고함소리이다.
강물은 울지 않는 바람을 안고 흐르는 모성애母性愛이다.
모성애의 문을 여는 찬란한 열쇠이다.

꽃이 피어나는 구름

구름이 자라면 물고기가 될까.

그러면 하늘에도 물고기가 유영遊泳하고 비가 오면 간혹 땅으로

파닥이는 물고기가 떨어질까.

구름 위를 나는 비행기의 작은 창문을 통해 구름 속에 숨은 물고기를 찾는다.

구름이 자라면 아침에는 꽃잎을 활짝 여는 연꽃이 될까.

흙탕물 속에서도 깨끗하고 각진 음픕이 되어 미소를 짓는 신비로움이

따뜻한 이야기가 되고

풀잎 위에 투명한 진주 같은 이슬을 만드는 표면 장력이

이 세상을 아름답게 빛나게 한다.

이슬 속에 내가 있고 내 가슴 속에 이슬이 산다.

구름이 목적지가 없이 흐른다.

비행기가 구름을 끌고 하늘 그 푸른 피부에 길게 선을 긋는다.

구름 속에서 길을 잃는다.

구름을 계속 헤치고 나아가면 천년왕국에 이르는

문을 찾을 수 있을까
구름 속에서 잃어버린 길을 찾아 헤맨다.
하늘에서 내려다보면 붉은 철쭉나무꽃들이 지상을 장식하기 위해
무리를 지어 꼬리에 꼬리를 물고 물고기처럼 파닥이고 있고
아파트 단지 안의 분수 속에서는
해를 등진 채 등을 구부리고 무지개가 태어난다.
구름의 폐활량을 늘이면 아코디언이 될까.
폐활량을 늘였다 줄였다 하며 자기 스스로 가요를 연주하면서
지상으로 신나는 음音을 금화처럼 떨어뜨리며
하얀 모자를 쓰고 하얀 신발을 신고 지상으로 내려올까.
수제비처럼 뜯겨져 나와 하늘에 던져진 저 작은 구름들은
흰 나비가 되어 팔랑팔랑 날아다닐까.
이 세상의 넓은 그늘을 안고 구름이 흘러간다.
구름이 저만치 사라지고 나면
이 세상에는 그 면적만큼의 웃음이 남을 수가 있

을까.

구름 위에서 지상의 각종 색깔의 꽃들이 피어난다.

노란색으로 파마를 한 구름이 흘러간다.

분홍색 가슴을 드러낸 구름이 굴러간다.

파란색 지느러미를 단 구름도 헤엄쳐간다.

제3부

이팝나무의 꿈

이팝나무는 낮에도 꿈을 꾼다.
꿈 속에서 하얀 눈이 내리고 있다.
하얀 집 옆, 하얀 하늘 아래 이팝나무가 앉아
눈 내리는 것을 올려다본다.
저 먼 하늘에서 머리에 눈을 이고 검정 새가 날아와
이팝나무의 꿈을 열고 꿈 안으로 들어간다.
파란 색의 서늘한 새 울음 소리가 눈가에 묻는다.
이팝나무가 꾸는 꿈 속으로 길이 생긴다.
그 길을 밟으며 꿈이 없는 사람들이
줄지어 꿈 속으로 터벅터벅 걸어가고 있다.
갑옷을 입은 바람이 이팝나무를 흔들자
이팝나무의 꿈들이 하얀 눈이 되어 복음福音처럼 내린다.
이팝나무를 올려다 보고 있는
꿈이 없어 눈이 퀭해진 사람들 마음 속으로

인생의 색깔

인생을 너무 깊이 생각하면 오류誤謬에 빠진다.
나무 위로 바람이 옷 끝을 올리며 피해가고
그렇게 어디서 왔으며 어디로 가는가 혹은
왜 사느냐고 생각하는 순간
밝은 면 그 만큼의 어두운 그늘이 항상 우리를 기다리고 있다.
바람이 나뭇잎들을 사람이 태어나는 나라의 방향으로 밀어본다.
나뭇잎들이 금빛 웃음을 떨어뜨린다.
인생을 너무 깊이 생각하면
다시 이 세상에 돌아오는 것이 겁난다.
저질렀던 업보業報가 너무나도 큰지
많이 아프기 때문이다.
인생을 너무 오랫동안 생각하면 서글퍼진다.
한 사람이 떠나면
그 사람의 머리 속 생각과 모든 역사가 지워지기 때문이다.
수백 년 동안 그 자리에 그대로 있고 싶어 하는 나무
생각없이도 잘 자라는 그의 어깨를 바람이 두드린다.

아침마다 돋아나는 생각들을 잘라내고
사람들이 태어나는 나라에서 이 세상으로 오다가
어느 한 지점에 그대로 서서 별이 되어 반짝이고 싶다.

안개를 두드리다

안개는 단단했다.
내가 딱딱한 나무로 두드렸을 때
둔탁한 소리를 내었다.
안개는 그 단단하고 거대한 몸으로
산山을 삼켜버렸다.
산이 사라지고 들이 사라지고
파란 새들만이 안개의 벽을 뚫고 날아다녔다.
나는 안개가 인간 삶 중의 모든 슬픔을 삼켜버리기를
오랫동안 서서 기도했다.
안개는 사람들이 원하지 않는 것들만을 계속 삼켰고
원하지 않는 것들만 남겨두었다.
내가 기도를 버리고 안개를 더 세게 두드리자
운명에 매 맞고 흘린 인간의 눈물로
이루어진 강물이 출렁이는 소리가 났다.
안개를 한 번 더 두드리자
운명의 쇠줄에 묶여진 채 걸어가는 사람들의
무거운 발자국 소리가 요란하게 들렸다.

천국으로 가는 꽃

꽃으로부터 밀려오는 물결
우리는 향기로 그것을 느낀다.
우리가 그 물결을 만질 때
그것은 따뜻한 시간이 되어 파닥인다.
꽃으로부터 날아오는 엽서
우리는 꽃잎 색깔로 그것을 읽는다.
우리가 내용을 읽을 때
그것은 따뜻한 빛이 되어 팔랑인다.
아침에 피었다가 저녁에 꽃잎을 닫는 꽃은
인생人生 행로行路의 상징이다.
자연 속에 보여지는 무수한 상징들을
사람들은 단지 아름답다고만 말한다.
가지에 매달려 있을 때 아름다운 꽃이
때가 되면 땅으로 떨어져 썩어간다.
꽃은 그것으로 끝이지만
사람들은 꽃이 천국으로 가서
천국 꽃나무 가지에 다시 피어나
찬란히 빛난다고 생각한다.

푸른 나무로 변하다

날이 시퍼렇게 선 푸른 잎들이 날아온다.
잎들이 내 온몸에 화살처럼 박힌다.
피를 흘리며 내가 서 있다.
푸른 잎들이 꽂힌 나무로 변해져 간다.
정신이 점점 아득해진다.
모든 것을 잃는다.
이제부터 나는
하늘에서 뿌려주는 햇살과 빛나는 바람과
투명한 이슬만을 먹고 살아갈 수 있다.
생각과 감정을 모두 버린다.
나에게는 필요가 없는 사람의 그림자를
잔디를 뜯어내듯 뜯어내어
바람 속으로 던진다.
이제부터 나는 인생의 희노애락喜怒哀樂이 사라진
텅 빈 상태로
아침부터 저녁까지 새들의 노래 소리를 들으며
새들과 대화를 나누며 새들의 쉼터가 되어
아무것도 없음의 즐거움을 느끼며 살아 갈 수 있다.

나무와 그림자

그녀의 짙은 속눈썹에 이슬이 맺혔다.
온종일 같은 자세로 서서 나를 내려다보는 그녀
그녀의 그림자가 길어졌다가 짧아지자
내 그림자 속으로 들어왔다.
그녀에 대해서 많은 사람들은 알고 있지만
그녀에 대해서 아무도 관심을 가지지 않는다.
내 그림자 속의 작은 그림자가 된 그녀가
내 마음을 두드린다.
그녀의 이름을 부르고
이름이 나를 부른다.
그녀는 이야기하고 싶은 말들이 많았다.
찢어진 우산이 바람에 날려 멀리 날아가고 있었다.
나는 죽은 후에 나무로 환생하고 싶었다.
생물이기 때문에 불가능하다고 이야기 해준다.
그녀의 그림자는 살아있는 자들의 슬픔을 먹고 빨리 자랐고
그녀의 그림자는 내 그림자를 끌어안고
도로 위에 길다랗게 너무도 편안하게 누웠다.
그녀의 그림자 속에 웅크리고 앉아
무관심 속에서 찢어지던 그녀의 마음을 읽는다.

그림자 속으로 차가운 세상의 바람이 흘러들어와
나무와 대화하는 나를 때린다.

본다

나무들이 노란 날개를 달고
하늘로 날아오르는 것을 본다.
바람들이 칼을 들고 나무를 향해
달려가는 것을 본다.
나도 어깨에 노란 날개를 달고
하늘로 날아오른다.
흙먼지처럼 나무들이 하늘을 뒤덮으며
자신들의 천국으로 향한다.
나무들의 천국 문 옆에
사람들의 천국 문이 보인다.
너무나도 조그만 문,
나는 낙타가 되어
그 작은 문으로 목을 넣어본다.
목만 들어가는 문,
죄 지은 것도 없는데
꿈속에서 풀잎이 되어 좁은 문을 지나
끝없이 달려간다.
노란 날개를 단 나무들이
뒤뚱거리며 뒤를 쫓아온다.

손바닥 안에 갇힌 달

늦은 밤
왼쪽 눈을 감고 오른 손 엄지와 검지로
밤 하늘의 달을 잡는다.
달이 손바닥 안에 갇혔다.
달이 잠자리처럼 파닥인다.
젊은 여인의 엉덩이처럼 동그랗지만
얼음보다 차가운 달의 감촉
손을 펴니 미끌미끌하던 달은 사라지고 없고
침묵만 먼지가 되어 뒹굴고 있다.
내 손바닥을 빠져 달아난 달은
밤 하늘 자기 집으로 돌아가
놀란 눈으로 가쁜 숨을 쉬고 있다.

벚꽃나무 가지 위에 피어난 바다

벚꽃나무 가지 위에
엷은 분홍색으로 염색이 된 바다가
꽃피어났다.
길을 걷다가 잠시 올려다보는
행인들의 눈동자 속으로
뛰어들기 위해 아래를 내려다보는
벚꽃나무 가지 위의 바다
그 파도 소리가 황홀하다.
바람이 불면
분홍색 비가 되어 뛰어내리고는
이내 사라지고 마는
사월의 그 불꽃 같은 바다

고속도로 위를 날고 있는 나비

바람 한 점 없는 한여름 오후
뙤약볕으로 가열된 고속도로 위를
나비가 날고 있다.

나비의 등에 내려와 누운 파란 하늘

파란 하늘의 무게로 기진한 나비는
자신이 어디로 가고 있는지도 모르면서
열사熱砂 위를 쉼 없이 날아가고 있다.

그냥 날갯짓하는 것이 즐거운 나비는
마지막 행로行路인줄도 모르고
삶의 무게로 무거워진 몸으로
날아가고 있다.

한여름 고속도로 위에서
정신이 혼미昏迷해진 나비의 망막網膜에 비친 것은
7월 바다의 푸른 물결이다.
자기를 향해 손 흔드는 가족들의 환한 눈망울들이다.

나비가 한여름 고속도로 위를 날고 있다.
나비가 7월의 바다 위를 날고 있다.

밤 바다

검은 밤 속으로 몸을 숨긴 바다를 서치라이트가 훑어내린다.

그때에야 비로소 매끈한 몸을 드러내는 바다는 끊임없이 육지를 향해 뒤척이며

바다를 무단 점령한 바람의 존재를 알리려고 끝없이 신호를 보낸다.

바다에 하얀 침대가 떠 있고 아침 해가 눈을 부비고 일어선다.

찬란한 나신裸身을 내보이며 누워있는 거인 위로

발목이 하얀 구름이 뛰어다녔다.

굴뚝과 전신주가 하늘에 직립하여 떠다닌다.

제1의 전신주는 제2의 전신주와 정확한 간격을 유지한 채 흘러가야 했다.

제1의 굴뚝이 제2의 굴뚝에게 사랑해 라는 말을 하자

일순간 지구가 마취되어 정지하였다.

돌지 않는 지구 위로 정지 동작이 눈처럼 쌓인다.

지구 밖을 돌아다니는 인공위성에서 바라본 지구 속 바다는

바람에 흔들리는 푸른 초원 풀잎들의 아우성이었다.

항상 누워있는 바다는 일어설 때를 기다리고 있었다.

태풍이 오거나 해일이 올 때에 비로소 그 거대한 키를 보여준다.

퇴적층

영도 동삼동 태종대 망부석 옆 절벽에서 퇴적층을 본다.

신생대의 물결 소리가 퇴적층의 빛깔들을 듣는다.
퇴적층의 빛깔들이 신생대의 물 냄새를 만진다.
신생대의 물속에서 꽁지가 흰 새가 걸어나와
붉은 열매를 쪼다가 하늘로 날아간다.
하늘에는 지질학자들이 만든 계단이 있다.
신생대부터 존재했던 하얀 층 혹은 주황색, 검정색 계단이
지상을 향해 뻗어있다는 상상을
절벽 퇴적층이 훤히 보여준다.
한 층 위에 또다른 한 층을 꾹꾹 눌러 하나로 만들고
하나의 층 속에 수십 개의 계단을 만들어
상승 아니면 하강을 노리는 지상과 천상을 연결하는 계단.
천사들이 밟고 내려오던 계단을 오르내리며
전설보다 더 이전의 시대가 지축을 흔들며 뛰어다녔다.
퇴적층 속에서 딱딱한 시간은 풍화되었고 곧바로 갇혀 버렸다.

수억 년 전에 있었던 빛이 현재의 어둠과 힘겨루기를 한다.

억압되어 있던 시간과 수많은 소리가 폭음처럼 튀어나왔다.

그처럼 위대한 사람들이 한 알의 모래가 되어 세계는 진보하였다.

아름다운 인생

마음을 꽃물들이는 저녁 노을을 보거나
나무에서 나무로 이동하면서 내는 새들의 노래 소리를 듣거나
활짝 피어난 꽃들을 보거나
나뭇잎 사이로 쏟아져 내리는 맑은 햇살을 보면
좀더 오래 이 세상에 살고 싶어진다.
꽃들이 사람에게 말을 걸어서인지
붉고 흰 꽃잎의 색깔이 마음에 아편 액을 흘린 탓인지 알 수 없는 것처럼
일주일 동안 분홍빛 노래를 목청껏 불러대던 벚꽃나무가
벚꽃 비를 뿌리고는 다시 빈자貧者가 되어 서있다.
세상이 아름다운 것인지,
삶이 아름다운 것인지
문제의 답에 동그라미를 그려넣는 것보다
하루의 시간과 씨름하며
울다가 웃고 웃다가 우는 것이 정답에 가깝다고 생각한다.
결국 세상에서 아름다움을 찾는 마음이
세상을 아름답게 보게 하는 이유이다.

생각이 사람을 힘들게 하는 도구다.

생각이 없는 생선의 파닥이는 지느러미가 더 자유로운 것이다.

삶과 죽음을 초연히 벗어난 아름다운 몸짓이다.

사라진 물속의 집

강江 물속에 집이 있네.
물가를 걸으며
그 집의 창문 안을 들여다보네.
아주 먼 옛날에
물 위를 걸어가던 사람의 아들이 있었지.
그 안에 살던 사도使徒 바울이 집을 나와
강가에 홀로 서서
사람의 아들이 떠나간 곳을 바라보고 있네.
물속의 집 열린 창문으로
안개가 몸을 밀고 들어가 흰 모래처럼 쏟아지네.
물속에는 집이 없네.
다시 온다고 약속했던 사람의 아들은 아직 오지 않고
이 세상에 슬픔을 기쁨으로 바꾸어주던 기적奇蹟은 사라졌네.
물가에 서있던 나는 나를 잃었고
사라진 물속의 집을
하염없이 기다리고 있네.
물속에 분명히 집이 있었는데.
물가를 걸으며

불빛이 환한 창문이 있는 집이 있었던
물속을 들여다보네.

안개에 갇힌 산

안개가 앞산을 뒤덮었다.
산을 가린 그 하얀 벽을 두드렸다.
소나무 향기가 튀어나왔다.
저 흰 벽 뒤에 천상天上의 나라가 있을까?
다시 안개의 벽을 두드리자
황금빛 날개를 퍼덕이며
비단 잉어가 날아왔다.
담 밖으로 가는 목을 내어 놓고
세월의 처분만을 기다리는 장미꽃 아래에
벌거벗은 나무처럼 새가 서 있다.
이 세상은 점점 더 보이지 않고
보이지 않음으로 소리는 더 뚜렷이 보인다.
나는 깊은 고요 속에 홀로 남겨진다.
왁자지껄하였던 사람들의 소리가 그리워진다.
눈을 크게 떠도 아무 것도 보이지 않는 곳에서
비로소 점차 더 크게 울려오는
가슴을 칼처럼 찌르는
너는 진정 사람을 사랑하였는가?
말씀만이 저 흰 벽 뒤에서 메아리가 되어 가슴을 때린다.

천상으로 갈 수 있는 허가증도 없이 천상의 문을 두드린다.

태어나서 세상에 예쁜 빛깔만 뿌려주던 장미꽃이
강풍에 목이 부러져 땅에 떨어지고
새는 인간의 눈물을 쪼아 먹으며 성장한다.

도심 속에 핀 진달래꽃

파란 하늘 위에 떠 있던 구름이
나무들을 분만分娩한다.
출산出産의 따뜻한 신음 소리가
바람 소리에 묻어 떨어진다.
파란 나무, 노란 나무, 분홍색 나무
하늘에서 낙하하여
도시의 차도 옆에 나란히 내려앉는다.
그 스스로 존재하는 자가
“보기에 좋다”라고 한다.
나무에서 물고기들이 튀어나온다.
물고기들이 함께 입을 모아 합창을 한다.
많은 사람들이 걸어가고
차들이 바삐 지나가는 도심都心의 거리
꽉 찬 것 같으나 비어 있는 도심의 보도步道에서
의자들이 서로 좋은 자리를 차지하려고
몸을 부딪는다.
도심의 풍경이 내려다보이는 큰 나무 숲 속에서
한 쌍의 연인戀人이 키스를 한다.
나무들과 물고기들과 의자들이 입을 모아 합창을
한다.
매연 속에서 피어나는 붉은 진달래 꽃잎들이다.

미술전시회 전야제 풍경

중년 여자 성악가 옆에서
중년 남자 피아니스트가 피아노 건반을 두드린다.
손끝에서 예쁜 색깔의 음계音階가 피어난다.
여자 성악가가 눈을 지그시 감고
이태리 가곡을 노래한다.
노래 선율이 물고기가 되어 싱싱하게 파닥인다.
물고기의 지느러미 운동에 맞춰
피아노 건반이 움직인다.
젊은 여류 화가의 첫 번째 전시회 장소
그 좁은 공간에서
컴퓨터 음악에 맞추어 흐느적거리는
무언극無言劇이 들린다.
초대 받아 온 아이들이
여자 성악가에게 앙코르를 요청하며
빨대를 물고 환한 웃음을 분다.
미소를 가득 머금은 여자 성악가가
다시 입을 둥글게 벌리며 노래를 하자
전시회 장소는 바닷속 궁전으로 변한다.
아이들이 급히 분홍색 아가미를 달고
유영遊泳하는 노래를 잡으러
어망漁網을 들고 우르르 달려간다.

제4부

장밋빛 미래

우리들 사이의 장밋빛 미래에 대해 이야기해 봅시다.

그것은 빛이 알갱이로 구성되었다는 내용이지요.

자전거의 은빛 살이 바람을 가늘게 자를 때 튀어나오는

얇은 빛에 관한 이야기지요.

진달래꽃 송이 하나보다는 수십 송이가 모이면 붉은 빛이 더 진해지지요.

그러한 꽃은 잠시 머물다가 인사하고 떠나는 철새이지요.

꽃이 피는 소리와 꽃이 지는 소리 사이에 노을이 걸려있지요.

라일락 꽃이 피면 그 향기가 스멀스멀 내 옷 안으로 기어들어오지요.

라일락 꽃이 지면 다시 우리들 사이의 장밋빛 인생에 대해 연구해봅시다.

하늘을 보세요. 새들이 수직 낙하할 때

전투기 조종사는 비상 탈출을 결심하지요.

어쨌든 살아남는 주인공에게만 황금 투구가 필요한 것이지요.

아직 죽지 않고 살아있는 인생이야말로 신비로운 기적이지요.

상선商船을 탈취한 소말리아 해적들과 한국 군함軍艦이 대치하고 있다는

외신外信이 날아와요. 해적들과 군함 사이의 긴장이 곧 깨어지겠지요.

깨어진 긴장 속에 깊은 상처가 남겠지요.

햇빛이 관통한 잎사귀에서 박수 소리가 들립니다.

빛나는 박수 소리, 이 세상을 들뜨게 하는 향기로운 박수 소리

잎사귀가 수십 개의 숨구멍을 활짝 열자

구멍을 통과해 땅으로 떨어지는 빛의 알갱이들이

땅에 떨어져 내는 빛나는 소리가 들립니다.

이 세계의 미래에 대해서 논해봅시다.

적과 백의 싸움이 먼 나라에서 시작되었고

많은 사람들이 다치고 굶어죽고

왜 힘없는 사람들은 거대한 폭력에 시달려야 하고

거대한 폭력을 단죄할 자는 없나요.

폭력은 몸집이 크면 그것이 진리이고 그것이 사실이고

그것을 심판할 그 무엇도 없지요.

세계의 미래는 붉은 빛깔인가요, 하얀 빛깔인가요.

마차를 몰고 달리는 시간

시간은 마차를 몰고 달렸다.
마차에 실려 어디를 가는지도 모르며 불안해하는
사람들의 눈빛이 어둠 속에서 빛났다.
산을 넘고 강을 건너 자꾸 달려가고 있었다.
뛰어내려야 한다.
달아나야 한다.
몸은 그냥 그대로 얼어붙어 있었다.
광란狂亂의 바람이 달려와 마차를 뒤흔들었고
마차에 실려 떨어지지 않기 위해
손끝에 힘을 계속 주었다.
번개가 마차 뒤를 바짝 따라와 떨어졌다.
새가 되어 목마를 타고
시간이 흐르지 않는 곳으로 달아나고 싶었다.
많은 날들이 지나 잊혀진 이름들이
절뚝거리며 뒤를 따라오고 있었다.
성급히 달려가기만 하는 시간의 꼬리를 잡으려고
그 눈동자 그 입술이 달려오고 있었다.
마차는 불안해하는 사람들을 싣고
화살보다 빨리 달려가고 있었다.
사람들의 눈빛은

공포에서 슬픔의 빛으로 변해 갔다.

마차는 시간의 블랙홀 속으로 빨려 들어가고 있었다.

사람들이 일제히 노래를 불렀다.

노래가 노란 나비들로 변해 팔랑이다가

시간이 멈추어 있는 이상향理想鄕으로 날아갔다.

운명의 힘

1.

이 세상에 우리가 믿는 신神은 없다. 있는 것이 확실한 것은 단지 자연의 법칙이다. 빛과 어둠의 힘으로 사람의 꽃이 붉게 피어나고 진다. 시든 꽃잎이 떨어져 무서운 바람에 이리저리 휘날리다 사라진다. 우리가 믿는 신神은 단지 저 생에 곳간을 만들어 놓았을 뿐이다.

2.

지구가 만들어낸 바람이 몽고의 사막을 건너와 황사를 뿌린다. 오늘도 태양과 달의 정기를 타고 태어났던 한 영혼이 자연의 법칙에 따라 황천으로 돌아간다. 다시는 돌아오지 못 할 떨어진 꽃잎을 애도哀悼하며 땅을 파는 은빛 삽의 소리가 무겁게 산을 울리고 떠난 자는 곧 잊혀진다.

환생還生을 꿈꾸다

사람들은 순간 속에 살다가 짧게 웃고 길게 울다가 순간적으로 사라진다. 새벽이 와도 새벽 고속열차는 늦게 가려고 하는 시간을 마구 끌고 달려가는데 시간이 지나면 늙고 병들어 이슬처럼 사라져 모든 인연이 끊길 것이다. 끊김은 다시 태어남으로 돌아올 것이라는 간절한 소망으로 늦은 밤 부두埠頭에는 이마에 예쁜 불을 단 수많은 거대한 크레인들이 질주해간 새벽 고속열차에 대한 기억 위에 추억의 컨테이너 박스를 올려놓지만 시간은 가고 다시는 돌아오지 않고 사람도 사라지고 추억만 남는다.

아인슈타인도 신神을 믿었다

아인슈타인은 물리학 공식에서 신神을 믿는다고 했지만
그가 말한 신은 수학이었다.
신에게 소원을 빌어도 무관하지만
절대로 신은 그 소원을 들어주지 않을 것이라고
그가 단언했다.

신은 있되 듣지를 못하고
기도는 있되 이루어지는 것은 과학의 결과이다.

하느님은 단지 빙긋이 웃고 있을 뿐이다.
성모님도 그렇고 부처님도 그렇고 예수님도 그렇다.

이 세상에서의 방관자인 하느님보다
자연의 섭리가 더 무섭다는 것을
기도를 진실로 열심히 하면 알게 된다.

진실로 너희에게 이르노니
하느님보다 더 무서운 자연의 법칙 앞에서는

기쁨보다는 슬픔의 면적이 더 크므로
이 세상과 저 세상을 경계지우는 벽을 뚫고 훨훨 날아오르는
인공위성이 되어라.
기도가 그대로 이루어지는 곳은
하느님이 멋대로 조종하는 멀고 먼 천상의 나라뿐이니라.

여름날 밤의 꿈

어느 여름날 늦은 밤, 해운대구 수영만 매립지 앞바다에 딱딱한 유리 꽃잎을 단 꽃들이 형형색색으로 피어났습니다. 바다 속에서 파란 강철로 만들어진 갈매기들이 하늘로 뛰어오르며 노래를 부르고 있었습니다. 환한 불빛을 알처럼 가슴에 품은 광안 대교大橋가 점점 높이 떠오르고 있었습니다. 한화 콘도미니엄 옆 도로변에는 열대야熱帶夜 더위를 피해 밤 늦게까지 놀러온 가족들끼리 맥주잔을 들이켰고 사람들은 조금씩 취해가고 있었습니다. 요즈음의 경기景氣는 바닥이야. 나는 사오정四五停. 모든 꽃 나뭇가지에는 상처가 있다는 것을 처음으로 알았습니다. 원인 모를 끈적끈적한 공포가 목을 타고 흘러내렸습니다. 사람들 옆에 누워 노려보고 있던 강철로 된 갑옷을 입은 바다가 서서히 괴물로 변하고 있었습니다. 팔백만 명이상이나 본 영화 「괴물」에서 한 어린 소녀를 물고 괴물이 도망가고 있었습니다. 그때 괴물을 향해 화살이 날아가고 있었습니다. 어느 여름날 늦은 밤, 강철 창의 소나기들이 짧은 순간 무서운 속도로 떨어져 땅에 꽂혔습니다. 괴물로 변한 바다가 술에 취해 잠이 든 사람들 곁으로 조금씩 다가왔습니다.

부서져 내리면서도 웃는 바다

6월은 폭죽爆竹처럼 온다.
뜨거운 빛의 알갱이들을 천지 사방으로 퍼뜨리며
아카시아 향기를 퍼뜨리며
그렇게 온다.

귀를 종긋 세우고
남태평양 바다의 에메랄드 빛 파도 소리를 듣는다.
6월의 하늘을 날개를 흔들며 날아가는
철새들은 산호의 파란 노래 소리를 듣는다.

젊은 여인들의 구릿빛 장단지가
젊은 청년들의 가슴을 뛰게 하는데
소라를 귀에 대어본다.
청춘은 잠시 소유할 수 있는 황금이라고
시간은 언젠가는 내 곁을 떠나는 냉정한 손님이라고
여름의 문을 여는 6월이 알려준다.

분수와 비가 그리운
젊은 시절의 빛나는 이상理想이 그리운
황금 왕관을 쓴 6월의 오후

거대한 바다가 거인처럼 일어서서
스스로를 무너뜨리며
모래밭에 누워 반나半裸의 몸으로 태양빛을 받아들이는
젊은 여인에게 다가가려고 한다.

사랑하는 사람의 눈빛을 보는 것만으로도
사랑하는 사람의 부드러운 손만 잡아도 행복하여
사랑하는 사람과 함께 하는 인생은 살만하다고
거대한 몸집의 6월의 바다가
하얗게 부서져 내리면서도 환하게 웃는다.

사랑에게 고백하다

사랑하는 그대여
밤 늦도록 그대에게 편지를 쓰노니
얼어붙었던 인생을 녹이던 따뜻한 불꽃으로 다가왔던
그대 사랑을 온전한 내 사유물로 생각한 것에 나를 책망하오.
사랑하는 그대여
어두움 속에서 웅크리고 있던 나를 밝은 광장으로
인도해주었던 그 사랑을
온전히 나만을 위해 주기만을 바랐던 그 사랑을
아름다운 꽃잎으로만 생각한 나의 이기주의를 책망하오.
사랑은 추운 날 어둠 속에서 따뜻하게 반짝이는 불빛일지라도
나를 버림으로써 비로소 사랑은 완성된다는 것을
알지 못했음에 나를 책망하오.
그대의 단점마저도 아름답게 보이고
그대 사랑이 내 곁에 있는 것만으로도 영원한 시간을 보았고
일순간도 내 곁을 떠나보내고 싶지 않았던

사랑하는 그대여
그대의 아픔과 그대의 고민을
내가 대신 끌어안지 못한 것을 자책하오.
사랑하는 그대여
사랑은 일 주일 동안만 화려하고 아름다운 꽃잎들을 보여주고
우수수 떨어져내리는 벚꽃들을 닮았오.
만날 때 이미 예정되어 있는 이별을 감추고 사람들을 눈멀게 하고
심장을 덥히는 온기로 전신을 휘감아 정신을 아득하게 하는 사랑은
신神이 인간에게 던져준 고약한 선물이라는 것을
이제사 깨달았음을 책망해주오.
가슴 속 깊이 새겨 넣은 지울 수 없는 흔적으로 남은
사랑이여
사랑을 할 때 살아있음을 느꼈고
사랑이 멀어져 갈 때 죽음을 보았으니
그대가 없어 슬픈 날 푸른 하늘을 향해 큰 웃음을 날릴 수 있도록
내 찢어진 마음을 단 한 번만이라도 어루만져 주오.

사랑하였으므로 행복하였고
행복함으로 인생은 무지개 빛이었으니
고마운 사랑이여.

야속한 십자가

비가 내리는 어두운 새벽
마리아는 새벽 미사 시각에 맞추어
차도를 건너고 있었지요.
일순간 빨간 차가 마리아를 받았고
마리아의 미래는 높이 떠올랐다 곤두박질쳐서
모두 부서졌어요.

미사에 하루도 빠지지 않았었는데
일생 한 번도 큰 죄를 짓지도 않았는데
그렇게 많고 많다는 천주님의 가호加護는
어디에도 없었어요.
마리아는 상자를 열어 의식을 새처럼 날려 보내었어요.
성모 마리아님, 성부 성자님이라고
이제 말할 수도 없어요.

잠시 다녀가는 이 생生에
마리아의 행복한 과거는 너무 짧았고
눈물의 미래는 길어요.
꿈속에서는 매일 새벽에 마리아는 성당으로 가는데

마리아의 병상 머리맡에는
아직도 성모상聖母像 사진이 미소짓고 있는데
표정 잃은 마리아는 병실에 누워 꼼짝을 못해요.

천상의 꽃들이여, 마리아를 위해 피어나거라.
천사들이여, 마리아를 위해 노래를 불러주세요.
천국의 문이여, 마리아를 기억해주세요.

십이운생법十二運生法 *

밤새 길가의 나무를 흔들어대던 바람이 사라졌다.
그렇게 사람들은 태어나서 성장하고
사랑을 하다가 결혼을 하여 자식을 낳고
사회 활동을 하다가 늙어지면
결국에는 죽어 무덤에 묻힌다.
아침 해의 기운으로 태어나 이 세상을 돌아다니던 바람이
울먹이며 석양이 지는 산 너머로 돌아간다.
무덤에 묻히는 순간
사회에서 알던 사람들과의 모든 인연이 끊기고
가족들의 기억 속에서만 잠시
불빛처럼 반짝인다.
그 다음 날의 해가 뜨자
형체 없는 바람이 자신의 존재를 알리기 위해
분주히 다시 저 산 너머에서 달려온다.
세월이 아주 많이 흐르면
떠나간 사람들은 그 기억 속에서도 사라져
외로운 영혼이 되어 하늘을 떠돌다
지상으로 별똥별처럼
돌아올 기회만을 노린다.

무덤가 옆에 쪼그리고 앉은 바람이
다시 돌아 올 수 없는 그 자리에서
잉잉거리고 있다.

* 십이운생법十二運生法 : 인간은 태어나서 성장하고 죽음에 이르지만 그 이후에 다시 태어난다고 보는 윤회사상이 들어있는 사주 명리학의 한 원리로서 지지地支 12자의 글자를 각기 오행별로 흐름을 만들어서 인간의 일생의 한 순간들을 각 지지에 대입한 것.

꿈꾸는 도시

1.
차도 옆의 가로수에서 호랑이들이 튀어나온다.
조금 더 가니
다른 가로수에서 기린들이 튀어나온다.
호랑이들이 어슬렁어슬렁 걸어다니고
기린들이 앞을 향해 뛰어가는 도심 거리에서
하늘을 향해 창을 겨누던 가로수들이
뿌리를 스스로 자르고 하늘로 뛰어오른다.
가로수들의 허리에서 날개가 돋는다.
하늘은 온통 날개를 흔들며 날아다니는
가로수들로 혼잡해진다.
황금빛 투구를 쓴 도시인들이 하늘을 나는 자동차를 타고
천상의 음률을 향수香水처럼 뿌리며 지나간다.

2.
저녁 노을이 산 위의 한지韓紙에
붉은 물감처럼 스며든다.
붉은 노을이 까만 새들을 분만分娩한다.
노을속에서 태어난 새들이

까만 먹물이 되어 흩어지며
일제히 노래를 부르자
하늘에서 무수한 꽃송이들이 낙하한다.
진달래꽃, 목련, 동백꽃으로 뒤덮힌
도심의 보도步道에서
키 작은 여자 어린애가 엄마를 부르며 뛰어가고
엄마가 무릎을 굽혀 어린애를 끌어안는다.
도심 전체가 환해진다.

나뭇잎들 속의 문

보도步道의 양쪽에 보도를 따라 일렬로 늘어선
초록빛 가로수들의 나뭇가지들이
깍지를 끼고 만들어낸 터널 속에 하늘이 숨어있다.
나뭇가지 틈으로 조금 보이는
초록색으로 물들여진 하늘이 물고기처럼 파닥인다.
초록빛 나뭇잎들로 이루어진 터널의 중간 쯤에
하늘로 들어가는 문門이 있다.
호기심 많은 도시의 사람들이 하늘로 올라가는 계단을 올라가보지만
하늘문은 굳게 닫혀있고
하늘로 향해 만세를 부르다 그 상태로 고정된 가로수들이
밤마다 하늘로 날아가는 꿈을 꾼다.
연못 속 비단 잉어가 분홍색 연꽃잎 위에 누워
하늘문이 열릴 때를 한가로이 기다리고 있다.
하늘이 연못으로 내려와 입맞춤을 하고
방목放牧하던 바람을 이끌고 고층 아파트 사이로 지나가던 구름이
아파트에 부딪혀 거대한 아파트 그림자 위로 떨어진다.

짙은 구름에 덮혀 한 치 앞도 보이지 않는 고층 아파트 단지
아파트와 아파트 사이 하얀 공간을
놀란 새들이 날아다니다가
가로수들마저 보이지 않는 하얀 안개 도시의 도로변에 앉아
가로수 대신 하늘을 찬양하는 노래를 부르고
모든 형태와 색을 감춘 회색빛 도심都心을 연주한다.
보도 양 옆에 늘어선 가로수들이 검은 그늘을 분만하고
검은 그늘이 계속 부풀어올라 검은 무중력 공간을 만든다.
무중력 공간에서 팝콘처럼 떠있는 무수한 낙엽들이
스스로 변하여 뼈가 훤히 보이는 열목이가 되어
꼬리지느러미를 흔들며 끝없이 하늘문을 향해 나아간다.
하늘문을 열고 들어가면 그곳에는
정말로 시간도 흐르지 않고 슬픔도 없는
푸른 유토피아Utopia가 우리를 맞이해줄까?
덩치가 큰 바람이 대금 소리를 내며 달려와

그것은 수천 년 전 인간이 만들어 낸 꿈 이야기라고 말한다.

바람을 쥐고 흔들던 나뭇가지들이 서로 부딪히며

그것이 사람들이 살아갈 수 있는 이유였다고 이야기한다.

이상향理想鄕이 있는지 확신할 수 없는 산 자들의

거대한 불안과 슬픔이 강풍에 무섭게 흔들린다.

바닷가 옆 포장마차

소나무 숲이 우거진
해운대 바닷가 옆 포장마차에 앉아
술을 마신다.
술잔이 그 바닥을 보일 때
바다가 내 옆에 와 앉아 있었다.
바다여, 인생은 왜 이리 허무한가?
바다는 조용히 푸른 눈동자로 응시하며
내 어깨를 두드린다.
포장마차 옆 송림 공원
바람이 어깨를 툭 치고 간 나무들도
초조하게 누군가를 기다린다.
끊임없이 달려왔다가는 부서지는 파도를
새처럼 어깨에 얹고
바다는 질긴 침묵을 보여주었다.
바다여, 인생은 왜 이리 진부한가?
벌거벗은 젊은 여인으로 변해
잘록한 허리를 보여주며 앉아있던 바다가
유혹하는 눈빛을 보내다 되돌아가
우윳빛 거대한 지느러미를 흔들다가
등을 굽혀 수평선을 만든다.

진부한 인생을 지우기 위해 벌거벗은 바다가
술잔 속에 쏟아놓은 말言들의 나체裸體를 감상한다.
달빛이 금빛 가루가 되어 쏟아져내리는
모든 사물들이 다 잠든 늦은 이 밤에
집에 가지 않고 바다와 함께 있는 사람을
밤늦도록 붙잡고 있는 포장마차의 등불이
쓸쓸한 색조의 노래가 되어 합창처럼 퍼져나간다.

아파트에서 꿈꾸다

아파트 앞 꽃밭에는 목련꽃들이 하얗게 피어나
목련 나무 밑으로 사람들을 유혹하고
아파트 산책길 옆에는 일렬로 심어놓은 분홍색 진달래꽃들이
붉은색 진달래꽃들과 어울려 수백 개의 입을 열며 합창을 한다.
남부에는 봄인데도 눈이 오고
하늘에서 내려오는 눈은 하늘의 메시지를 안고 온다.
하늘과 땅이 생겨날 때 말씀이 있었고 말씀이 꽃이 되었다.
아파트 건너편 숲 속에 들어서면
꽃들과 작은 짐승들이 함께 노래하는 환청이 들렸다.
사랑의 말씀을 품은 책들이 날아다녔고 의자가 떠 있었다.
만나주지 않던 애인이 거기에 있었다.
종이 비행기를 날리면 새처럼 날개를 흔들며 날아다녔다.
책에서 쏟아진 활자들이

사랑을 전파하는 벌레가 되어 기어다니고 있었고
키 큰 나무들 사이로 날카로운 햇살이 새처럼 활강하며
떨어진 사과에 꽂히고 있었다.
아파트 창문의 커튼을 젖히자 애인의 얼굴이 찍혀 있는 손수건이
절대 위험지역에서 나뭇가지에 묶인 채 홀로 휘날리고 있었다.
사람은 혼자 왔다가 돌아갈 때도 혼자 가는 법.
새들이 지저귈 때 도시의 젊은 여인들은 거울을 본다.
사라져 간 연인들이 거울 속에서 환히 웃고 있다.
한번 거울속으로 먼 길을 떠난 자는 영원히 다시 돌아오지 않는다.
다시 돌아오기를 간절히 기다리는 여인의 눈망울이 물기에 촉촉이 젖은 채
거울에 비치어 별처럼 빛난다.
사라지고 다시 돌아오지 않는 자나
사라진 자를 그리워하는 자에게 유일한 위안은
하늘의 메시지를 안고 영원히 죽지 않고 숨쉬는 책뿐이다.

하얀 목소리

창문 커튼을 젖히자
창 밖에 죽은 새가 날개를 펼치고 누워있었다.
그런 비 오는 날 전혀 모르는 사람에게 전화를 걸자
죽음을 찬양하며 죽음을 유혹하는 하얀 목소리가
잔털을 털며 일어서고 있었다.
이 도시에는 다리가 계속 가늘어져 다리의 형체가 없어진
투명한 비의 군대가 시가지를 점령하였다.
남부에는 가을인데도 흰 눈이 오고
인적 없는 눈길을 따라
외로움 병에 시달리며 걷던 한 시인의 영혼이
흰 새가 되어 울면서 먼 곳으로 날아갔다.

겨울은 검고 두꺼운 외투를 걸치고 성큼 성큼 다가온다.
꽃피는 봄을 기다리며
나는 애인의 얼굴이 찍혀져 있는 불안한 손수건을 꺼내 본다.
도시의 골목마다 외로운 파도가 넘실거렸다.
다시 끝까지 외로움 병을 이겨내야 하리라.

눈물 나도록 간직하고 싶었던 애인의 얼굴이
점점 희미해진다.

내가 알던 한 여인에게 전화를 한다.
시간을 가두어 놓았던 댐이 무너져 여름과 가을이 방류放流되었고
우리가 간절히 바라던 봄은 잠시 머물다 바람처럼 떠나가 버렸다고
거대한 소음을 이끌고 겨울이 다시 침략해 왔다고
이 도시에는 더 강력해진 신종 외로움 병 독감 바이러스가 돌아
대량大量 감염 사태가 벌어졌고
절망으로 면역이 약해진 사람들은 연이어 대량 사망하였고
절대 위험 지역에 나는 또다시 홀로 남겨졌다고
이 도시에서 외로움 병과의 전쟁은 언제 끝나느냐고
몸은 사라지고 목소리로만 남아있는 천사인 그녀에게 질문을 던졌다.

세상의 얼굴

날개를 파닥이며 회색 비둘기가 날아오르는 도심都心의 오후
고층 빌딩 창문을 통해 활기찬 도심의 거리를 내려다보는 나는
호주머니에서 계란만한 불안함을 끄집어낸다.
빌딩 앞 화단에 떨어져 죽은 새와 인간의 눈물이
하얗게 화학 반응을 일으킨다.
커튼으로 아무리 이 세상의 어두운 면을 가리려고 해도
진실은 언젠가는 꽃으로 피어나 우리를 마주 바라본다.
그렇게 세상은 사랑하고 싶은 애인과 같지만
또다시 돌아보면 야만인野蠻人의 얼굴을 한 눈빛이다.
살아남기 위해서 일해야만 하는 시민들에게
이 세상의 아침이 또다시 눈을 뜰 때
유일한 위로는 가족이라는 굴레의 따뜻함이다.

환한 머리카락을 빗으며 일어나는 도심의 새벽
살아남은 자들만이 아침에 지저귀는 새소리를 들을 수 있고

애인과 키스를 할 수 있다.
언제부터인가 이 도심의 구석에는
살아남기 위해 노숙하는 사람들이 늘어나고 있고
지하철 전동차 안에도 구걸하는 지체 장애인들이 늘어나고 있다.

이 세상의 도처에 미워함이 이 세계의 싹을 키우고 있었다. 그렇다고 사랑만을 베푸는 것이 반드시 유일한 정답은 아니었다.
이천십년 삼월 이십육일에 서해 백령도 근처 우리나라 해상에서
몰래 잠입한 북한 잠수함정으로부터 어뢰 공격을 받아
천안함이 두 동강이 남과 동시에
취침 시각에 맞추어 평화롭게 휴식을 취하던 우리 젊은 해군 사십육 명이
순식간에 바닷속으로 사라졌던 것이다.
가슴이 찢어지는 아픔을 안고 흐느끼는 유가족의 모습이
무심히 흘러가는 세월 속에 이제 실루엣으로 사라

졌지만

가해자加害者는 분명히 있는데도 자신의 짓이 아니라고 하고

살아온 날보다 살 날이 더 많았던 그 앳된 병사들의 죽음만이

출항하는 군함에서 슬픈 뱃고동 소리를 울린다.

하나의 이론이 영원불변한 것은 아니었다.

기도하는 것과 명상하는 것과 참선하는 것과의 차이처럼

이 세계에는 우리가 알 수 없는 수많은 현상들이 항상 존재하였고

그 모든 것을 이해하지 못하면서도 때론 슬픔도 훌륭한 약이 되었다.

꿈꾸며 살아있는 것이 아름다움이다

죽은 사람에게는 꿈도 잠도 없다.
단지 살아있는 사람에게만 꿈과 잠이 있고
살아있는 사람에게만 꿈과 잠이 필요하다.
그러므로 살아있는 것만으로도 아름다운 사건이 된다.
꿈과 잠은 살아있는 자들이 바라보는 무지개이므로

햇빛 알갱이들이 나뭇잎 위에 떨어지고
바람이 햇빛 알갱이들을 지상으로 밀어낸다.
손가락을 펴고 지상으로 낙하하는 햇살이
땅에 부딪히며 내는 물소리가 들린다.

단지 살아있는 사람에게만 미래가 있고
시간은 계속해서 흐르고 시간은 계속해서 성장한다.
고여 있다거나 서있다는 것은 죽음의 한 표현이다.
그러므로 살아있는 물은 끊임없이 흐르며
하늘로 날아올라가는 꿈을 하루도 빠지지 않고 꾼다.

도시의 차도 옆에 있던 가로수들이 뿌리가 뽑힌 채

가지를 흔들며 날아다니자
가로수들이 서있던 그 자리에 새들이 대신 앉아
나무처럼 모든 행인들에게 인사를 한다.
서 있는 살아있는 것들과 날아다니는 산 것들이
자리를 서로 바꾸고 있어도 여전히 살아있는 것들의
아름다움은 그대로이다.

말복末伏을 지나자 도심의 키 큰 가로수가
여름인데도 낙엽을 떨어뜨린다.
그렇게 나무들도 여름 속에
지난 시간의 자신의 흔적을 남기고 싶은 것이다.
그것은 살아있는 것들이 다가올 미래를 기다리는 노래 소리이다.
살아있는 것들이 또 다른 살아있는 것들을 위해
멀리 날려보내는 아름다운 향기이다.

새들이 날아다니는 울창鬱蒼한 나무가 차가운 그림자를 내려놓자
나무 밑 벤치에 도시인들이 옹기종기 모여 땀을 말린다.

살아있는 나무들이 시원한 바람을 데리고 와

더운 여름날의 대지를 식혀주고 살아있는 자들의 땀을 말려준다.

강가를 걸어가다

가슴 속에 싸늘한 바람이 분다.
왠지 모르게 밤새도록 흐르는 이 바람을 친구삼고
사람들이 없는 강가를 끝없이 걸어간다.

강물이 가는 곳을 끝까지 따라가 보라.
강물의 종착지에는 꽃과 바람과 새들만이 사는 나라가 있다.

깃털이 노란 새가 수직 낙하의 스릴을 즐기며
일체의 생각을 버리고
배고프면 노래하고 즐거우면 날아오르다
힘들면 나뭇가지에 앉는다.

그곳에는
안개들이 벌떼처럼 몰려와 안개의 제국을 만들어
모든 어두운 풍경을 제국의 감방에 가두고
코가 빨간 토끼들이 긴 귀를 세우며 뛰어다니게 한다.
안개의 나라에서는 가슴이 아플 이유가 없다.
가슴 아픈 세상 사람들의 사연들은 세상 밖으로

버려지기 때문이다.
안개의 제국에서 빛깔과 형체가 지워져 가는 꽃들이
그늘진 도시인들을 위해 짙은 향기를 흘리고 있다.

생각이 어지럽고 마음이 답답한 그런 밤에는
사람들이 없는 강가를 끝없이 걸어가보라.
그러면 반드시 우리를 위로해줄 꽃과 바람과 새들의 나라를
만날 수 있을 것이다.

제5부

온천교 다리

–기욤므 아폴리네에르의 "미라보 다리"의 패러디

부산 금정구 온천교 다리 아래
낙동강물이 흐르고
우리의 사랑을
나는 기억하네.
그대와 함께 만들어갔던 아름다운 추억을
나는 기억하네.
기쁨은 항상 고통 뒤에 오는 것.

밤이여 오라 시간이여 울려라.
날들은 가고 나는 머무네.

손에 손을 맞잡고
얼굴을 맞댈 때
우리의 팔의 다리 밑으로
영원한 시선의 지친 낙동강물이 지나고
내 볼에 머물던 사랑의 입술 같은 노을이 질 때
그 사랑과 함께 건던 온천교 다리를 걸으며
잃어버린 사랑을 다시 찾으러 가네.
밤이여 오라 시간이여 울려라.
날들은 가고 나는 머무네.

온천교 다리 밑에 낙동강물이 흐르고
만날 때 이미 이별은 예정되어 있다는 것을
그땐 몰랐네.
오늘 그대를 기억하리.
그대와 함께 나누었던 숱한 이야기들을
불안하던 미래와 슬픔에 입맞추던 그 시절을.

밤이여 오라 시간이여 울려라.
날들은 가고 나는 머무네.

사랑은 흐르는 강물처럼 가네.
사랑은 가네.
삶이란 시간이 느리게 흐르는 것처럼
희망이 격렬한 것처럼

밤이여 오라 시간이여 울려라.
날들은 가고 나는 머무네.
날들은 가고 달들은 가고
흘러간 시간도
사랑도 돌아오지 않네.

온천교 다리 아래 낙동강물이 흐르고

밤이여 오라 시간이여 울려라.
날들은 가고 나는 머무네.

우리 사이에

너와 나를 포함하는 우리의 사이에
비췻빛 강이 있다.
우리의 사이에
꽃밭이 있다.
사랑이 있다.

꽃잎이 지고나서
너를 사랑했노라고 하지만
그땐 너무 늦다는 것을
너무 늦게 깨닫는다.

우리 사이에
이파리 하나가 바람을 이고 있다가
파닥이던 바람을 놓쳐버린다.
풀잎 같은 사랑
잡초 뿌리 같은 사랑
잃고 나면 쓰려져 누울 사랑은
인연이 묶어준 연분인데
사랑을 잃고나서야
사랑의 가치를 깨닫는다.

바람이 잎사귀 위에 쌓인 눈을 턴다.
먼저 떨어진 눈들 위에
나중에 떨어진 눈들이
오랜 이별 후에 만난 연인戀人들처럼
가슴에 얼굴을 파묻으며 환하게 웃는다.
우리 사이에
이별은 사랑을 확인시켜주는 노래 소리

사랑이란?

사랑한다는 뜻은 무엇일까?
그 사람의 외모를 사랑한다는 말은 아니다.
사랑한다는 말은
그 사람이 가진 것이 아무 것도 없어도
그 사람의 음성, 그 사람의 체취,
그 사람의 눈물, 그 사람의 손에서 느껴지는 체온,
그 사람의 전체를 사랑한다는 말이다.
그 사람이 없으면 내가 슬프고
그 사람이 있으면 내가 행복한 것을 말하는 것이다.
연인戀人은 인연이 만들어준 소중한 선물
사랑하는 사람들의 등 뒤에서
하루가 지고 또 다음날의 따뜻한 바람이 분다.
사람들은 언젠가는 늙고 병들어
바람에 떠밀려 꺼지는 촛불처럼 사라진다.
사랑과 함께 지낸 세월이 있으면
세상을 떠날 때
환한 미소를 지으며
사랑했던 사람과의 추억을 가슴에 소중히 안고
세상은 참 아름다웠노라고
참 따뜻했었다고 말하며

눈을 감을 수 있을 것이다.

장미 가시 같은 사랑

이십대 철없던 시절
뜨겁게 사랑했던 사람으로부터 이별 통고를 받고 돌아와
몇날 며칠을 식음전폐食飮全廢하고 드러누운 적이 있다.
지독한 사랑은 죽음을 담보로 한다.

하지만 나이 오십이 넘은 지금에는
그렇게 아픈 사랑을 할 자신도 없고
식음전폐까지 할 힘도 없다.

뜨겁게 사랑하는 것도 때가 있는 것이다.
지독한 사랑도 젊은이들의 특권이다. 지독한 사랑의 후유증으로 밤을 지새우는 것도
젊은이들이 누릴 수 있는 아름다운 특권이다.
단지 스스로 아픔을 치유하고 일어설 수만 있다면

젊은이들아, 그대들 눈에는
사랑이 삶의 전부인 것으로 보이겠지만
세월은 그것보다 더 귀중한 보물도 있음을 보여

준다.

아픔을 극복하고 살아가는 것보다 아름다운 모습은 없다.

고향 집 추억

대구시 동구 신암동 내 어릴 적 고향 집에서는
아버지가 새들을 많이 키우셨다.
십자매, 금화조, 갈문조, 흑문조, 백문조, 잉꼬
수십 개의 파란 새장들에서 새들이 합창을 했다.

어느 날 내가 새장들의 문들을 열고 새들을 날려 보내었다.
날개를 퍼덕이며 하늘로 힘차게 날아가는 새들의 아름다운 자태가
파란 하늘에 하얗고 까만 점들로 뿌려진 수채화였다.
나는 넋을 잃고 하늘을 쳐다보고 있었고
아버지가 달려오셨다.

이젠 아버지도 새처럼 멀리 날아가셨고
나도 날아간 새가 남긴 까만 점이 사라질 때까지 하늘을 쳐다보다
영원한 이별에 가슴에 구멍이 뚫린다.

아버지와 자식들

사람의 일생을 돌이켜보면
자식들은 슬하膝下에 있을 때만 새끼들이다.
집을 떠난 자식은 이미 품 안의 새끼가 아니다.

보고 싶을 때 너무 멀리 가 있고
그리울 때 오지 않는다.

먼 길을 떠난 철새다.
잊을 만하면 피곤에 지친 몸을 이끌고
가끔씩 보금자리로 돌아오는

가족을 돌이켜보면
아버지와 아들이란 관계는
아버지가 이 생을 떠난 후에야 비로소
그 뜨거운 정을 알게 되는
이 세상에서 제일 눈물 나오게 하는 관계이다.

고향의 밤

경북 고령군 쌍림면 송림리 어머니 생가生家
시골 마을의 굴뚝 연기가 미소처럼 피어오른다.
회색 연기의 향기가 눈부시다.
어린 시절 소 먹이 주려고 동네 아이들과 함께 아침 일찍 소를 몰고
앞산으로 올라가 산딸기 따먹고 풀피리 불며 놀았었다.
집으로 돌아갈 때 쯤에야 몰고 왔던 소가 사라진 것을 알았다.
아이들과 함께 뒷산 전체를 찾아다녔었다.
어두워질 무렵에야 겨우 발견한 뒷산 너머 산까지 걸어갔던 소의 큰 눈.
그날 밤 시골집 온돌방에 누워 꾸던 꿈속에서
나는 혼자 울면서 보이지 않는 소를 찾아 앞산을 계속 헤매고 있었다.
그 놈의 소, 무엇이 그리웠었던가?
소 울음소리가 계속 귓전을 울렸다.

밤늦도록 불 꺼진 방에서
이모들의 도깨비 이야기와 흰 옷 입은 여자 귀신

이야기 듣고 잠이 들고나서
꿈속에서 도깨비에 쫓겨 한없이 도망다니던 그 시절의 기억과
메뚜기를 잡아 강아지풀에 일렬로 꿰어 아궁이 불로 구워 먹던 그 추억은
반딧불이가 되어 언제나 내 가슴 속에서 반짝이고 있는데
지금은 그 모든 현상現象들이 연기처럼 사라져버렸다는 것을
누가 알기나 할까.
시골집은 그대로 남아 있지만 껍질이 딱딱한 빈 집이 되었다.
그 시절 그 정다웠던 사람들은 사라졌고
그 눈동자, 그 음성들은 내 가슴 속에 따뜻한 비가 되어 흘러내린다.
추수秋收를 끝 낸 논 위로 참새 떼들만 길게 줄을 지어 날아가고 있다.

아픈 사랑 1

우리 이제 다시 만나지 말자.
만남은 등 뒤에 이별의 순간을 감추고 있으니
우리 이제 서로 그리워하지 말자.
죽도록 서로 그리워 할 때
세월만 빨리 달아나
그리움은 또다시 애절한 그리움만 남겨놓아
가슴에 남겨진 긴 상처만 안고 신음하고 있으니
우리 앞을 달려가는 시간을 더 이상 잡으려고 하지 말자.
시간을 쫓아가는 순간 더 이상
우리는 서로 안아줄 수 없이 너무 멀리 와 버리니
백 년도 잠시이니 눈 감았다가 눈뜨면
세상은 온통 그리운 꿈일 뿐이니
무슨 음색인가 살아간다는 것이
어떤 빛깔인가 서로 사랑한다는 것이
만남도
그리워함도
사랑도
풀잎 위에서 빛나는 이슬이니
산다는 것은

사랑하는 것은
애통함인지 환희인지 도저히 알 수 없어
나를 잊고 세상을 잊고
우리는 우리 자신도 모르게
달려가는 시간의 등 위에 앉아
이승의 문을 향해 화살처럼 달려가고 있으니

아픈 사랑 2

『에덴의 동쪽』이란 티브이 연속극 중에서
부모의 반대로 사랑하는 연인戀人과 헤어져
원치 않는 사람과 결혼한 한 여자가
마음의 병을 얻어 정신병원에 감금되었네.
이루어질 수 없는 사랑일수록
사랑했던 사람은 가슴에 더 뚜렷이 각인되는 법.
사랑을 얻기 위해 살았었는데
사랑을 잃고 죽어가네.
잠자고 있는 그녀 옆에 옛 애인이 앉아 있네.
옛 애인의 이름을 부르며 애처롭고 슬픈 잠꼬대를 하는
그 여자의 말을 들으며
그 남자는 폭포 같은 눈물을 흘렸네.
정신 병동이 강江으로 변했네
그 남자가 황급히 떠나갔고
그 여자는 눈을 떠 옛 애인을 좇아가네.
사라지고 없는 그 남자의
따뜻한 눈물 강江에 발목을 적시며
그 여자가 애타게 그 남자의 이름을 부르네.
사람들은 사랑을 얻기 위해 살아가네.

사람들은 사랑을 잃고서 죽어가네.
두 사람 사이의 멀어지는 거리가 찬비에 젖고 있네.
그리움과 추억이 화살이 되어
그 남자와 그 여자의 가슴에 박히네.
사랑이 점으로 멀어져 가네.
사랑이 저 먼 곳에서
작은 불꽃으로 빛나다가 스러지네.

팝 아트 6

– 김소월의 "가는 길"

그립다 말을 할까, 하니 그리워. 그냥 갈까 그래도 다시 한 번…… 저 산에도 까마귀, 들에 까마귀, 서산에는 해진다고 지저귑니다. 앞 강물, 뒷 강물 흐르는 물은 어서 따라 오라고 따라 가자고 흘러도 연달아 흐릅디다려.

사랑한다 말을 할까, 하니 가슴 쿵쾅거려. 돌아서 가다가도 그래도 다시 한 번…… 저 산에도 철쭉꽃, 들에도 철쭉꽃, 서산에는 해진다고 노래합니다. 앞 강물, 뒷 강물 흐르는 물은 어서 따라 오라고 따라 가자고 흘러도 연달아 흐릅디다려.

팝 아트 7

– 김소월의 "개여울"

당신은 무슨 일로 그리합니까? 홀로 개여울에 주저앉아서 파릇한 풀포기가 돋아나오고 잔물은 봄바람에 해적일 때에 가긴 가도 아주 가지는 않겠노라는 그러한 약속이 있었겠지요. 날마다 개여울에 나와 앉아서 하염없이 무엇을 생각합니까. 가도 아주 가지는 않겠노람이 굳게 굳게 잊지 말라는 부탁이지요.

당신은 무슨 일로 그리합니까? 홀로 좁은 산길가에 주저앉아서 파릇한 풀포기가 돋아나오고 나뭇가지들이 봄바람에 흔들릴 때에 가긴 가도 아주 가지는 않겠노라는 그러한 약속이 있었겠지요. 날마다 홀로 좁은 산길가에 나와 앉아서 하염없이 무엇을 생각합니까. 가도 아주 가지는 않겠노람이 굳게 굳게 잊지는 말라는 부탁이지요.

제6부

천국의 문

창문을 열고 푸른 하늘을 본다.
푸른 하늘을 뚫고 올라간 인공위성이 보내주는 사진에서는
우주에는 사람의 아들도 없고
천국으로 들어가는 문門도 보이지 않는다.

천국은 무의식의 문을 열고 들어가야만 볼 수 있는가.
성당에서 신부님은 단지 믿으라고만 이야기한다.
신부님도 아무리 기도를 해도
한 번도 하느님을 만나보지 못했다고 한다.
보지 않고도 믿는 자가 더 행복하다고 한다.

문은 어느 곳에도 있지만
사람들이 이 세상에 나올 때 이미 돌아갈 문은 열려 있었다.
그것이 천국의 문인지 아닌지는
단지 각자에게 허락된 시간 안에서
각자가 사용한 시간이 아름다운 지가 문제였다.
살아있을 동안의 시간이 각자에게 주어진 보석이다.

일생동안 자신의 보석을 잘 쓰면
다시 돌아갈 문은 향기롭고 아름다운 문일 것이다.

천국을 보다

살아있는 자의 눈은 천국을 본다.
아침 새 소리
밝은 햇살
붉게 물든 단풍잎
청솔나무 향냄새

천국은 멀리 있는 것이 아니라
바로 자신의 눈앞에 있었다.
천국은 살아있는 자들의 간절한 소망이다.
사랑하는 사람이 내 곁에 있을 때
천국이었다.

나를 잊지 말아주세요

사람은 가고 마음만 남는다.
사라지는 사람의 뒤를 좇아
바람이 달려갔다.
사라지는 사람을 안타깝게 배웅하듯
풀들이 바람이 부는 방향으로
일제히 허리를 굽혔다.
또 한 사람이 사라졌다.
산 자들은 사라진 자들의 마음을
오랫동안 간직하며 추억한다.
사라진 자들은
추억 속에서 산 자들과 다시 만난다.
먼 훗날 산 자들의 기억에서 아주 잊혀질 때
먼저 간 자들은 이 지상에서 영원히 사라진다.
사라지는 자들의 간절한 소망은
"나를 잊지 말아주세요."

돌아 온 내 마음의 새

내 마음의 새를 놓아주었다.
그것은 하늘로 높이 치솟더니
이내 구름이 되었다.
내 마음의 빈 새장 속에
하늘을 떠돌던 바람이 강아지처럼 들어와
잉잉거렸다.
내 마음의 새를 가둘 수 있는 것은
선善함과 따뜻함이었다.
부족함의 빈 공간을 혼자 차지한 바람이
하루 종일 울었다.
내가 선善함을 사랑하고
따뜻한 음성으로 바람을 다독이자
구름이 되어 떠났던 내 마음의 새가
바람을 구해주기 위해 빗줄기가 되어
다시 나를 찾아와 내 마음 속에서
바람과 함께 파닥였다.

울보가 되다

한 사람이 가고나서
나는 울보가 되었다.
화려하게 피었다가 떨어져내리는
벗꽃잎들의 군무群舞를 보다가도 울고
티브이 연속극 속에서
한 사람이 돌아가는 것을 봐도 울고

나는 잃어버렸다.
이 세상을 견고히 밟고 서있을 발을.
내 발이 허공에 떠서 풀씨가 되어
날아다닌다.

키 큰 나무 위로 콩 같은 빗방울들이
수없이 떨어져 내렸다.
시퍼렇게 날이 선 나뭇잎들이 칼날을 휘두르자
빗방울들은 반쪽으로 쪼개져
땅으로 곤두박질쳤다.

한 사람이 그렇게 가고 난 후에 나는
무더운 날 더위를 식혀주기 위해

떨어져 내리는 비를 보고도 우는
울보가 되었다.

신神은 하늘나라에 있다

사랑을 남겨놓고 다시 만날 것을 약속하며
하늘로 올라가신 하느님은
그의 음성과 이야기만을 사람들의 가슴에 남겨 놓고 갔다.
사람들은 하느님이 다시 돌아올 것이라고 굳게 믿고
이 세상에 다시 오신 신神을 찾아 헤매지만
돌아오는 것은 봄이 가고나면 여름이 오고
꽃이 피고나면 꽃이 지는 것뿐이다.
간절한 소망을 담고 십자가 상像 앞에서
기도를 해도
바람이 불고 꽃이 바람이 가는 방향으로 허리를
굽힐 뿐이다.
사람들이 하느님을 버렸고
하느님은 배신의 쓰라림을 안고 이 세상을 버렸다.
부활과 함께 하느님은 인간에게 영원한 이별을 고했지만
사람들은 오늘도 하느님이 이 세상에 내려와
손을 잡아주기를 기도한다.

내 탓이다

인생을 살아가는 일이 왜 이다지도 힘든가라고
나무에게 물어 본다.
그것은 다 내 탓이라고 나무가 일러준다.
저 생生에서 만든 내 악업惡業 때문일 수도 있고

잘못된 시각에 태어남 때문일 수도 있다고 일러준다.
불행은 감겨진 실타래를 하나씩 풀어가는 것이라고
다음 생生에 편하게 살기 위해서는
이 생生에서 덕德과 사랑을 베풀어야 한다고 일러준다.
신神은 저 생生에서 우리를 기다리는 주인일 뿐
이 생生을 지배하는 주인은 자연 법칙이니
그러니 삶이 힘들 때 신神에게 너무 기대지 말고
기도에 응답하지 않는다고 신神을 욕하지도 말고
단지 내 탓을 하라고 일러준다.

황사黃砂가 되어 하늘에서 바라보다

까닭 없이 삶이 슬플 때
흙가루가 되어 하늘로 날아본다.
하늘에서 바라본 세상의 집들은 장난감들이고
사람들은 점들이다.
높은 하늘에서는
삶이 우리를 속인다든가
신神이 인간의 간절한 기도를 들어주지 않아 참담하다는
그 어떤 세상사世上事 이야기도 보이지 않는다.
그 먼 하늘에 높이 계시는 신神은
죄 지은 자에게 벌을 주고
덕德을 쌓은 자에게 정확히 은혜를 내린다.
하늘에는 어떤 슬픔도 어떤 고통도 없고
단지 아무 것도 없음만이 보석처럼 반짝인다.
아무 것도 없어도 아무런 슬픔도 없고
아무 것도 없음의 기쁨만 있는 그곳을
바람의 힘에 의해 훨훨 날아다니다가
저 세상에서 쌓은 덕이 적어
이 세상에서 눈물에 젖어 지내왔던 영혼들이
곱게 밟고 천상天上으로 갈수 있도록

흙가루로 만들어진 오작교烏鵲橋가 되어
하늘에 오랫동안 떠 있는다.

꽃이 전해 주는 말

사람들은 이 세상에
진정으로 사랑하는 단 한 사람을 만나기 위해서 태어난다.
인연에 의해 예정된 사랑을 찾아 많은 거리를 돌고 돌아
힘들게 만나 사랑하게 된 사람과
죽도록 사랑하는 법을 배우기 위해 온다.
세파世波에 시달리는 세월 속에서도
사람들은 사랑하는 단 한 사람을 열정을 다해 사랑하며
그 사랑에 의지하다가
질긴 정만 남기고 때가 되면 저 세상으로 홀로 돌아간다.
이 세상이 아름답게 보이는 것은 사랑 때문이므로
천상天上에는 없는 사랑에 굶주려 태어난 사람들이
원願도 한恨도 없이 사랑을 먹고 떠나가지만
세상에 남은 사람들은 사랑의 기쁨과 사랑의 슬픔에 가슴 아파하다가
사랑하는 사람을 평생 동안 눈물로 그리워하다가

사랑하는 가족들을 남겨두고 자신도 그렇게 혼자서
단지 고요만이 있는 천상으로 돌아간다.

나는 너를

나는 너를 사랑한다. 나는 너를 추억한다. 나는 너를 증오한다. 너는 나를 사랑한다. 너는 나를 바람이라고 한다. 너는 나를 바람처럼 잊는다. 사랑이 내 가슴을 찌른다. 사랑이 나를 기쁘게 한다. 사랑은 너와 나 사이를 묶는 밧줄이다. 사랑은 고통이요, 기쁨이다. 낙엽은 저녁 7시의 포클레인, 너의 눈동자는 관세음보살, 술병 속으로 떨어지는 시집 그리하여 나는 사랑으로 너를 빚는다. 나는 사랑만을 하루 종일 생각한다. 나는 사랑의 기쁨과 괴로움을 함께 맛본다. 너는 사랑한다고 말하면서 뒤돌아선다. 너는 사랑은 이별이라고 생각한다. 너는 사랑을 너무 가볍게 털어버린다. 사랑이 나에게서 멀어져간다. 사랑은 너를 증오하게 한다. 아 사랑이 나를 보며 눈물을 흘린다.

오늘도 해가 뜬다

오늘도 해가 뜬다. 오늘도 해가 진다. 오늘도 해가 뜨고 해가 진다. 해가 오늘도 진다. 해가 오늘도 뜬다. 해가 오늘도 지고 뜬다. 오늘도 내가 웃으며 걷는다. 내일은 내가 울면서 걷는다. 오늘은 내가 웃으며 걷지만 내일은 내가 울면서 걷는다. 오늘도 내가 뜬다. 오늘도 내가 진다. 오늘도 내가 뜨고 내가 진다. 해와 내가 오늘도 진다. 해와 내가 오늘도 뜬다. 해와 내가 오늘도 지고 뜬다. 나는 이 시를 읽고 고개를 갸우뚱하는 당신이다. 이 뒤는 이 시 속의 법칙에 따라 당신들이 쓰는 시이다.

□ 해설

소멸과 신생의 변증법
김경수의 시 세계

유성호(문학평론가, 한양대 국문과 교수)

1.

김경수 시인의 다섯 번째 시집 『산 속 찻집 카페에 안개가 산다』는, 불가피하게 사라져갈 수밖에 없는 지상의 모든 존재자들을 향한 지극한 사랑의 마음을 담고 있다. 시인은 그들이 필연적으로 지닌 소멸의 형식에 대해 깊은 관심을 가지면서, 그것을 '사랑'의 높은 열도熱度와 결속하여 자신의 시세계를 현저하게 고양시키고 있다. 시집을 내고 나면 다음 시쓰기의 방향을 새롭게 찾아 나서곤 했던 김경수 시인으로서는, 이번 시집을 통해 '사라져가는 것들'의 존재 형식을 문제 삼음으로써 그 특유의 "새로운 시 형식을 찾아나서는 시의 사냥꾼"(「시인의 말」)으로서의 속성을 입증하고 있다. 이러한 의지와 함께 시인은 이번 시집에서 시인의 직능이야말로 사라져가는 것들의 존재 형식을 탐색하고 표현하는 데 있음을 증명하고 있다 할 것이다.

무릇 모든 존재자는 현상계에서 물질적 존재 형식을 취하다가 일정한 시간의 흐름을 따라 사라져가게 마련이다. 신생과 성장과 소멸의 과정을 내남없이 거치기 때문이다. 따라서 소멸이란 그 자체로 비극적인 것이지만, 누구에게나 편재적인 것이므로, 시인으로서는 그것을 심미적으로 완성해야 하는 책무를 부여받게 된다. 김경수 시인은 이번 시집에서 활달하고 생기 있는 것들의 움직임보다는 사라져가는 것들의 잔상殘像을 노래함으로써 이러한 책무에 충실하게 부응한다. 하지만 그것은 만가輓歌가 아니라 심미적 리듬감을 지닌 율동의 노래로 나타난다는 점에서 매우 특징적이다. 이는 김경수 시인이 기본적으로는 비극적 세계관을 가지고 있지만, 그것을 넘어 역설적 생성의 에너지를 사물의 소멸 형식에서 찾고 있음을 알려주는 핵심 표지標識라고 할 수 있다. 그래서 그는 소멸의 형식을 탐색하고 표현하면서도, 모든 존재자들의 역설적 신생을 꿈꾸는 긍정의 시인이다. 따라서 우리는 이러한 소멸의 미학과 함께 나타나는 김경수 시인의 역설적 사유와 방법에 대해 살펴볼 필요를 느끼게 된다.

2.

잘 알려져 있듯이, 서정시는 '시간(성)' 을 가장 큰 방법적 기제로 삼는 언어 양식이다. 이는 서정시가 시간 자체에 대해 깊은 관심을 가지고 있다는 것을 뜻하기도 하지만, 한편으로는 서정시가 시간의 흐름 속에 놓인 사물의 존재 방식에 대해 집중적 표상을 수행한다는 것을 뜻하기도 한다. 김경수 시편은, 이러한 시간 예술로서의 서정시의 속성을 충실하게 예증하면서, 시간의 여러 차원에 대한 개성적 반응을 첨예하게 보여주는 실례로 다가온다. 특별히 시집 제1부에 가득 실린 산문시편들은 견고한 리듬을 바탕으로 하여 사물들의 고유한 시간적 존재 형식을 탐색하고 표현한다. 사실 산문시 형식은 내적 율동 같은 시적 요소보다는 무거운 사유 쪽으로 무게중심이 현저히 기우는 경우가 많은데, 김경수 시편들은 산문시편 특유의 리듬감을 몸에 담고 있다는 개성적 특성을 보여준다. 다음 시편에서는 '나목' 이 그 리듬감의 주체로 나선다. 사물의 소멸 형식을 깊이 응시하면서도 그 안에서 생의 리듬을 발견해가는 다음 시편을 읽어보자.

> 빨간 지붕 찻집 옆에 나목들이 모여 있다. 새벽부터 도시에는 눈이 내렸고 찻집 문 안으로 키 큰 청년이 빈 가방 속의 적막을 든 채 들어와 어깨에 쌓인 눈을 털었다. 나목의 가늘고 긴 가지에 푸른 바다가 걸려 있었

다. 폭풍이 불었고 홀로 항해하던 배 하나가 위태롭게 좌우로 흔들렸다. 가지들이 품은 물들을 모두 지하의 뿌리로 밀어내고 스스로 말라버린 나목은 마지막 지하철 열차가 떠난 후의 텅 빈 승강장이었다. 청년은 길고 추운 나목의 그림자를 함께 끌고 왔다. 하루종일 눈이 내려도 아무도 눈을 덮어쓴 나목에 관해 관심을 두지 않았다. 눈으로 뒤덮인 산 위로 매가 큰 날개를 편 채 보이지 않는 먹잇감을 찾으러 길고 긴 선회를 하였다. 일순 침묵이 흘렀고 하얗게 김이 서린 창문을 닦아내자 사람들의 일생을 싣고 달리는 시간 전차가 보였다. 하늘로 끝없이 빈 가지들을 뻗는 나목도 달려가는 시간을 막지 못했다. 겨울은 북극의 한파寒波를 나목에게 쏟아부었지만 나목의 부고訃告는 날아오지 않는다. 살아남아야 할 간절한 사연이 손을 내민다. 누군가를 기다린다. 어느 한 시점을 기다린다. 태어남 자체가 끝까지 살아남아야 할 이유가 아닌가. 입을 굳게 닫고 있던 나목이 들리지 않는 노래를 오랫동안 불렀다.

– 「나목裸木」 전문

'나목' 은 조락凋落까지 마치고 소멸의 행로로 접어든 형상을 하고 있다. 화자의 시선은 찻집 옆에 모여 있는 그 헐벗은 나무들을 향한다. 빈 가방을 들고 눈 내린 도시의 찻집 문을 들어서는 '키 큰 청년' 은 나목의 가늘고 긴 가지를 닮았다. 그를 둘러싼 적막의 기운이 나목 가지에 걸린 푸른 바다로 옮겨가고, 그 위로 폭풍이 불고 배가 심하게 흔들리는 장면이 상상적으로 이어진다. 나목 가지들은 몸에서 물을 내보낸 후 스스로 말라버렸는데, 화자가 보기에 그것은 "마지막 지하철 열차가 떠난 후의 텅 빈 승강장" 처럼 스산한 소멸의 풍경을 간직하고 있다. 그래서 청년이 끌고 온 나목의 그림자는 자신의 모습처럼 길고 춥다. 눈을 맞은 나목에 아무도 관심을 두지 않을 때, 화자의 시선에 새롭게 들어오는 것이 '시간 전차' 다. 물론 이 형상은 그 자체로 환幻의 결과이지만, 화자로 하여금 사라져가는 시간을 막지 못한 '나목' 과 자신을 동일시하게끔 하는 역할을 한다. 그래서 '나목' 은 사라져가는 시간 앞에 선 인간 실존의 대유물代喩物이었다고 할 수 있다. 하지만 '나목' 은 거듭되는 한파에도 불구하고 죽지 않는다. 다만 살아남아야 할 간절한 사연을 간직한 채 새로운 시간을 기다릴 뿐이다. 그것이 바로 우리가 '나목' 처럼 소멸의 형식을 온몸으로 가진 존재일지라도 "끝까지 살아남아야 할 이유"가 된다. 이후 화자가 오랫동안 듣는 나목의 "들리지 않는 노래"야말로 이러한 소멸과 신생의 변증법을 내장한 시인의 시작詩作과 은유적 등가를 이룬다고 할 수 있을 것이다. 결국 '나목' 은 시간의 흐름 속에서 사라져가는 속성과 끝까지 지상에 남아 새로운 시간을 예비하는 속성을 두루 결속하고 있다 할 것이다. 이렇게 김경수 시인은 목숨 가진 존재자들을 향한 "측정할 수 없는 사랑의 깊이"(「노란 은행나무가 줄지어 서있는 보도步道」)로, 그들의 소멸 형식을 첨예하게 탐구한다. 그 소멸의 시간은 우리가 막을 수 없는 융융한 흐름을 가졌지만, 시인이 그 흐름 위로 역설적인 생성의 노래를 예비한다는 점에서, 여전히 우리의 존재를 감싸고 있는 양도할 수 없는 존재 조건이라고 할 수 있을 것이다. 다음 작품 역시 그렇게 사라져가는 것들을 향한 '사랑' 의 마음을 담고 있는 경우이다.

> 기상대가 아무리 정밀한 과학 기구를 사용해도
> 다음에 부는 바람의 정확한 행선지를 알 수 없는 것처럼
> 어디로 가는지를 함구緘口하고 있는 독립군 같은 바람을 앞에 두고
> 고참 수사관이 아무리 으박질러도 바람의 정확한 진로를 알아낼 수가 없다.
> 바람이 그렇게 슬픈 눈매를 한 것을 그때 처음 보았다.
> 그것들은 늙은 코끼리처럼 항상 소멸消滅할 곳을 찾아가기 때문이다.
> 훌쩍이는 바람의 등을 두드리며 비가 소리를 낼 때
> 키 큰 나무의 나뭇가지 위에 올라앉아 있던 새가 울었고
> 바람은 울고 있는 새를 달래주기 위해
> 새의 깃털을 흔들며 제자리에서 노래하고 빙글빙글 춤추고 있었다.
> 춤추는 바람 소리를 들으며
> 열차가 도착하는 시각에 맞추어 구름이 잠시 정지했다가
> 다시 비가 되어 사라져갈 땅을 찾아 움직였다.
> 천둥소리보다 먼저 폭풍이 몰려왔다.
> 제일 높이 떠있는 구름을 기념하기 위해,
> 가슴이 터지도록 외치는 천둥소리의 소멸을 위로하

기 위해
폭풍은 무섭도록 거대한 힘을 쏟아내고는 사라졌다.
뿌리를 드러낸 채로 넘어진 나무들을 위로하며
이 지상의 소멸을 앞둔 모든 생물들이 노래를 불렀다.
살아있는 생물들은 본다.
살아있는 미물微物들이 부른 노래가
지느러미를 흔들며 숲을 지나고 강을 건너서
이 세상에 태어난 슬픈 눈매의 모든 생물들과
세상을 지배하는 사람들이 남긴 상처와 폐허를
따뜻이 어루만지고
이미 사라져간 모든 생물들의 혼을 달래는 것을.

–「사라져가는 것들을 위하여」 전문

김경수 시편을 읽노라면 그것이 존재의 소멸 그리고 소멸 뒤의 역설적 생성을 통한 선명한 존재 증명의 구도로 짜여 있음을 알 수 있다. 이 시편에서의 '바람' 역시 이러한 속성을 보여주는 데 충실하게 기여한다. 과학의 도구적 합리성으로도 수사관의 강압으로도 '바람'의 행로를 알 수는 없다. 원래 '바람'은 발원지와 귀속처를 우리에게 알리지 않기 때문이다. 그런데 화자는 순간 '바람'의 슬픈 눈매를 바라본다. "이 세상에서의 모든 아름다움은 찰나"(「아름다운 세상」)라는 말을 입증이라도 하듯, 그 바라봄은 순간적으로 이루어진다. '바람'의 최종 거처가 "소멸消滅할 곳"이기 때문이다. 하지만 '바람'은 그 소멸의 속성에도 불구하고, 우는 새를 달래려고 스스로 노래하고 춤을 춘다. 그 '바람' 소리를 따라 구름은 비가 되고 또 그렇게 사라져갈 땅을 찾아 움직인다. 그 흐름에 힘입어 이제는 우주 전체가 움직이기 시작한다. 천둥과 폭풍이 등장하는 이를테면 악천후가 펼쳐지는데, 그것을 화자는 우주의 화음和音으로 듣게 된다. 천둥소리보다 폭풍이 먼저 몰려와 높이 뜬 구름을 기념하고, 천둥소리의 소멸을 위로하려 폭풍도 몰아치더니 이내 사라진다. 쓰러진 나무들을 위로하며 "지상의 소멸을 앞둔 모든 생물들"의 노래가 화자의 귓전에 화창和唱처럼 들린다. 그래서 모든 목숨 있는 것들은, "살아있는 미물微物들이 부른 노래"가 이 세상 슬픈 존재자들의 상처를 어루만지고 나아가 이미 사라져간 것들을 달래는 것을 절절하게 경험하게 된다. 이렇게 김경수 시인은 모든 사라져가는 것들을 어루만지려는 의지를 통해, 원초적인 상실감에도 불구하고, 그 안에서 새로운 존재론적 생성을 예감하고 있는 것이다. 이러한 소멸과 신생의 변증법이 이번 시집을 가득 농울친다고 할 수 있을 것이다.

3.

무릇 모든 존재자는 소멸 직전의 순간에 자신의 가장 순수한 외관을 드러낸다. 그 점에서 모든 사물은 사라짐으로써만 자신의 운명이 부여받은 시간을 충실히 살아내게 된다. 김경수 시편에 드러나는 사물들은 이러한 시간의 운명에 충실하다. 사물들은 시간의 흐름이라는 물리적 과정에 의해 철저하게 채택되고 배열된다. 특별히 시인은 지나온 시간의 상처를 많이 누그러뜨리면서, 더욱 근원적인 질서를 상상하는 쪽으로 자신의 시편들을 확연하게 배열하고 있다. 이번 시집 전체가 근원적인 것들에 대한 매혹을 환기하는 쪽으로 강화되고 있다는 점은 그래서 매우 이채롭다. 그는 공간적으로는 우주적 차원을, 시간적으로는 오랜 기억을 향하는 활력을 보이면서, 자신만의 아름다운 존재 전환을 꿈꾸고 있다. 그렇게 실재와 환幻의 경계 위에서 시인은 근원적인 것들을 향한 매혹 쪽으로 현저하게 귀환하는 모습을 보여주는데, 다음의 꿈꾸기 과정 또한 그러한 외관을 취한다.

이팝나무는 낮에도 꿈을 꾼다.
꿈 속에서 하얀 눈이 내리고 있다.
하얀 집 옆, 하얀 하늘 아래 이팝나무가 앉아
눈 내리는 것을 올려다본다.
저 먼 하늘에서 머리에 눈을 이고 검정 새가 날아와
이팝나무의 꿈을 열고 꿈 안으로 들어간다.
파란 색의 서늘한 새 울음소리가 눈가에 묻는다.
이팝나무가 꾸는 꿈 속으로 길이 생긴다.
그 길을 밟으며 꿈이 없는 사람들이
줄지어 꿈 속으로 터벅터벅 걸어가고 있다.
갑옷을 입은 바람이 이팝나무를 흔들자
이팝나무의 꿈들이 하얀 눈이 되어 복음福音처럼 내린다.
이팝나무를 올려다보고 있는

꿈이 없어 눈이 퀭해진 사람들 마음 속으로

–「이팝나무의 꿈」 전문

'이팝나무'는 꽃이 필 때 나무 전체가 하얀 꽃으로 뒤덮여 이밥 즉 쌀밥과 같다고 하여 붙여진 이름이다. 그래서 '이팝나무'의 색감은 마치 흰 눈을 맞은 것 같기도 하고 쌀을 이고 있는 것 같기도 하다. 화자는 한낮에 꾸는 이팝나무의 꿈 속에 마치 하얀 눈이 내리고 있을 것 같다는 상상을 한다. 이팝나무가 앉은 곳도 하얀 집 옆이고 하얀 하늘 아래다. 그렇게 온통 흰 공간에서 나무는 또 다시 흰 눈을 맞는다. 그 순간 하늘에서 검정 새가 날아와 이팝나무의 꿈 속으로 들어간다. 이러한 생생한 색감 대조의 묘사가 사생寫生의 결과가 아님은 말할 것도 없다. 그것은 환幻의 결실로서, 검정 새의 울음소리가 파란 색을 띠고 그 울음소리를 따라 나무의 꿈 속으로 길이 생기고 그 길을 밟으며 "꿈이 없는 사람들"이 꿈 속으로 따라 걸어 들어가는 과정이 그 안에서 파생적으로 펼쳐진다. 그리고 이제 눈을 맞은 나무를 바람이 흔들자 그 "이팝나무의 꿈"이 하얀 눈이 되어 내린다. 그것은 "꿈이 없어 눈이 퀭해진 사람들 마음 속으로" 내리는 복음 같은 것이다. 이렇게 이 시편에서는 꿈과 현실, 사생과 환상, 꿈을 잃어버린 시간과 꿈을 만들어내는 시간이 한 몸으로 결속되어 있다.

꿈이 사라진 시대에 대한 어둑한 묵시록으로 흐르지 않고 여전히 그 꿈을 상상적으로 되찾아 생의 다른 문양紋樣으로 바꾸어내는 김경수 시학의 미덕이 바로 여기에서 실현된다. 우리는 그 긍정의 미덕을 간직한 사물들로서 그동안 '나목'과 '키 큰 나무'와 '이팝나무'를 보았는데, 다음 시편에서도 그러한 '나무'를 만난다. 이번 시집에서 시인은 아마도 '나무'와의 깊은 사랑에 빠진 듯하다.

나무들이 노란 날개를 달고
하늘로 날아오르는 것을 본다.
바람들이 칼을 들고 나무를 향해
달려가는 것을 본다.
나도 어깨에 노란 날개를 달고
하늘로 날아오른다.
흙먼지처럼 나무들이 하늘을 뒤덮으며
자신들의 천국으로 향한다.
나무들의 천국 문 옆에
사람들의 천국 문이 보인다.
너무나도 조그만 문,
나는 낙타가 되어
그 작은 문으로 목을 넣어본다.
목만 들어가는 문,
죄 지은 것도 없는데
꿈 속에서 풀잎이 되어 좁은 문을 지나
끝없이 달려간다.
노란 날개를 단 나무들이
뒤뚱거리며 뒤를 쫓아온다.

–「본다」 전문

이 시편은 화자의 시선에 들어온 사물들의 섬세한 자기 운동을 담은 결실이다. 나무가 날아오르고 바람이 나무를 향해 달려드는 것을 바라보던 화자도 동시에 하늘로 날아오른다. 바라봄의 주체와 대상이 어느새, 한 동작으로, 하나가 된 것이다. 나무들은 하늘을 뒤덮으며 천국으로 향하고, 나무들의 천국 문 옆으로 사람들의 천국 문이 보인다. 여기서 성경에 나오는 '낙타/천국'의 비유가 인유引喩되면서, 낙타가 된 화자가 좁은 문으로 목을 넣는다. 꿈 속에서 좁은 문을 지나 끝없이 달려가자, 이내 나무들이 따라 들어온다. 이 상상적이고 몽환적인 묘사는, 사물들의 어떤 순간을 포착한 것이면서, 동시에 항구적인 그들의 존재 방식을 잡아챈 것이기도 하다. 그럼으로써 우리로 하여금 오랜 시간 속에서 지속적으로 그들을 바라볼 수 있게 한다. 이 시편 속에 담긴 '본다'의 결과로서의 풍경은 오래도록 우리의 기억을 촉진할 것이다. 그리고 우리가 존재와 진리 사이에서 끊임없이 떠도는 것을 자각하게 해주는 것이, 이러한 장면을 '본다'는 행위임을 오래도록 알려줄 것이다. 그러니 우리는 시선을 빼앗기는 것이 바로 존재의 소멸로 이어지는 것임에 상도想到하게 된다. 이처럼 김경수 시인은 "세상에서 아름다움을 찾는 마음이/세상을 아름답게 보게 하는 이유"(「아름다운 인생」)라면서 "눈을 크게 떠도 아무 것도 보이지 않는 곳에서/비로소 점차 더 크게 울려오는"(「안개에 갇힌 산」) 소리를 보고 듣는 품을 가졌다. 그 점에서 시인에게 "천국은 멀리 있는 것이 아니라/바로 자신의 눈앞에"(「천국을 보다」) 있다. 상상과 실재를 이팝나무의 꿈 속에서 바라본 시인이 "노란 날개"를 단 나무들의 실재와 환을 결속하여 만든 심미적 화폭이 아닐 수 없다.

4.

사실 우리의 혹독한 근대사는 우리로 하여금 몸 안팎에서 폐허를 경험케 하였다. 벤야민의 말을 빌릴 것도 없이, 시인의 조국은 폐허다. 그렇게 우리는 속도의 관성에서 비롯된 폐허화 과정을 통해 중요한 우리 몸의 기억들을 잃어버렸다. 이때 시인들은, 역설적으로 느릿하고 오랜 것들이 여전히 우리를 살아가게 한다는 것을 믿는다. 그래서 사물의 비극적 존재 방식에 흔연히 참여하면서도 인간의 궁극적 관심을 암시하는 눈을 풍요롭게 보여준다. 그만큼 서정시는 사라져가는 사물들과의 소통에서 중요한 가치를 발견하고 나아가 거기서 길어올리는 신생의 원리를 자연스럽게 담는다. 우리가 읽는 김경수 시편들 역시, 이렇게 우리 시대의 한 역진逆進의 언어로 다가온다고 할 수 있을 것이다. 꿈과 기억의 선연한 미학을 통해 다다르는 실재와 환, 소멸과 신생의 변증법

이야말로 김경수 시학이 보여주는 궁극적 생의 이법理法이니까 말이다. 그래서 시인은 "사람들은 순간 속에 살다가 짧게 웃고 길게 울다가 순간적으로 사라진다."(「환생還生을 꿈꾸다」)고 노래하는데, 그 순간적 존재로서의 삶과 사라짐 뒤에 남는 '꿈'이 다음 시편에도 이어진다.

> 아파트 앞 꽃밭에는 목련꽃들이 하얗게 피어나
> 목련 나무 밑으로 사람들을 유혹하고
> 아파트 산책길 옆에는 일렬로 심어놓은 분홍색 진달래꽃들이
> 붉은색 진달래꽃들과 어울려 수백 개의 입을 열며 합창을 한다.
> 남부에는 봄인데도 눈이 오고
> 하늘에서 내려오는 눈은 하늘의 메시지를 안고 온다.
> 하늘과 땅이 생겨날 때 말씀이 있었고 말씀이 꽃이 되었다.
> 아파트 건너편 숲 속에 들어서면
> 꽃들과 작은 짐승들이 함께 노래하는 환청이 들렸다.
> 사랑의 말씀을 품은 책들이 날아다녔고 의자가 떠 있었다.
> 만나주지 않던 애인이 거기에 있었다.
> 종이 비행기를 날리면 새처럼 날개를 흔들며 날아다녔다.
> 책에서 쏟아진 활자들이
> 사랑을 전파하는 벌레가 되어 기어다니고 있었고
> 키 큰 나무들 사이로 날카로운 햇살이 새처럼 활강하며
> 떨어진 사과에 꽂히고 있었다.
> 아파트 창문의 커튼을 젖히자 애인의 얼굴이 찍혀있

는 손수건이
　절대 위험지역에서 나뭇가지에 묶인 채 홀로 휘날리고 있었다.
　사람은 혼자 왔다가 돌아갈 때도 혼자 가는 법.
　새들이 지저귈 때 도시의 젊은 여인들은 거울을 본다.
　사라져간 연인들이 거울 속에서 환히 웃고 있다.
　한번 거울 속으로 먼 길을 떠난 자는 영원히 다시 돌아오지 않는다.
　다시 돌아오기를 간절히 기다리는 여인의 눈망울이 물기에 촉촉이 젖은 채
　거울에 비치어 별처럼 빛난다.
　사라지고 다시 돌아오지 않는 자나
　사라진 자를 그리워하는 자에게 유일한 위안은
　하늘의 메시지를 안고 영원히 죽지 않고 숨 쉬는 책뿐이다.

–「아파트에서 꿈꾸다」 전문

아파트 근처에 핀 하얀 목련꽃들과 분홍색 진달래꽃들은 도심의 봄을 아름답게 수놓는다. 그런데 봄눈이 하늘의 메시지를 담고 내린다. 하늘과 땅이 생겨날 때 있었던 말씀이 꽃이 되고, 아파트 건너편 숲 속에서는 꽃과 짐승들의 노래가 환청幻聽처럼 들린다. 그리고 그 '사랑의 말씀'을 담은 책들과 사랑하는 연인이 거기 있다. 이 상상 속의 책에서 쏟아진 활자들이 '사랑'을 전파하고, "키 큰 나무"들 사이로 따사로운 햇살이 내리꽂힌다. 이 심미적이고 평온한 풍경 속에서 화자는 "사람은 혼자 왔다가 돌아갈 때도 혼자 가는 법"이라고 그 특유의 소멸의 미학을 발

화한다. 그때 '연인'이란 순간적으로 존재했던 한 사람의 "음성, 그 사람의 체취,/그 사람의 눈물, 그 사람의 손에서 느껴지는 체온,/그 사람의 전체를 사랑"(「사랑이란?」)한 사람일 것이다. 하지만 사라져간 연인이 다시 돌아오기를 기다리는 이의 눈망울이 젖을 때, 아파트에서는 "사라지고 다시 돌아오지 않는 자"와 "사라진 자를 그리워하는 자"에게 하늘의 메시지를 담은 책만이 위안을 줄 뿐이다. 여기서 '책'은, 오랜 시간의 사랑과 기다림이 각인된 상상적 기록의 은유일 것이다. 김경수 시인은 그러한 상상적 기록을 아파트 건너 숲속에서 바라보면서 스스로를 위안한다. 그것이 아파트에서 꾸는 시인의 '꿈'이다. 그러니 그 '꿈'에는 순간적으로 사라져간 이들과 새로운 시간을 기다리는 이들의 사랑이 환청처럼 녹아 있지 않겠는가.

경북 고령군 쌍림면 송림리 어머니 생가生家
시골 마을의 굴뚝 연기가 미소처럼 피어오른다.
회색 연기의 향기가 눈부시다.
어린 시절 소 먹이 주려고 동네 아이들과 함께 아침 일찍 소를 몰고
앞산으로 올라가 산딸기 따먹고 풀피리 불며 놀았었다.
집으로 돌아갈 때쯤에야 몰고 왔던 소가 사라진 것을 알았다.
아이들과 함께 뒷산 전체를 찾아다녔었다.
어두워질 무렵에야 겨우 발견한 뒷산 너머 산까지

걸어갔던 소의 큰 눈.
　그날 밤 시골집 온돌방에 누워 꾸던 꿈속에서
　나는 혼자 울면서 보이지 않는 소를 찾아 앞산을 계속 헤매고 있었다.
　그 놈의 소, 무엇이 그리웠었던가?
　소 울음소리가 계속 귓전을 울렸다.

　밤늦도록 불 꺼진 방에서
　이모들의 도깨비 이야기와 흰 옷 입은 여자 귀신 이야기 듣고 잠이 들고 나서
　꿈 속에서 도깨비에 쫓겨 한없이 도망 다니던 그 시절의 기억과
　메뚜기를 잡아 강아지풀에 일렬로 꿰어 아궁이 불로 구워 먹던 그 추억은
　반딧불이가 되어 언제나 내 가슴 속에서 반짝이고 있는데
　지금은 그 모든 현상現象들이 연기처럼 사라져버렸다는 것을
　누가 알기나 할까.
　시골집은 그대로 남아 있지만 껍질이 딱딱한 빈 집이 되었다.
　그 시절 그 정다웠던 사람들은 사라졌고
　그 눈동자, 그 음성들은 내 가슴 속에 따뜻한 비가 되어 흘러내린다.
　추수秋收를 끝 낸 논 위로 참새 떼들만 길게 줄을 지어 날아가고 있다.

―「고향의 밤」 전문

가족 혹은 고향이란 누구에게나 깊은 기억의 뿌리이자, 지나온 시간을 거슬러오를 수 있는 근원적 실재이다. 이때 시간을 거슬러오르는 오랜 기억은, 지

난 시간들을 원초적 경험 형식으로 복원하면서 동시에 그것을 현재의 삶과 연루하는 행위일 것이다. 시인은 바로 그러한 기억을 통해 자신의 존재론적 기원을 노래한다. 그 기억 작용의 기원에 '고향의 밤'이 놓인다. 시골 마을의 기억을 구성하는 세목은, 향기가 눈부신 굴뚝 연기로 시작된다. 어린 시절의 기억이 그 향기에 따라와 붙고, 소 먹이 주려고 소 몰고 갔다가 소가 사라진 경험들, 그리고 어두워질 무렵 겨우 다시 찾은 소의 "큰 눈"이 선연하게 따라온다. 그런가 하면 이모들이 들려준 이야기에도 그 시절의 '기억'이 단단하게 달라붙어 있다. 그 어린 시절의 '추억'은 빛나는 '반딧불이'가 되어 반짝이는데, 지금 그것들은 모두 연기처럼 사라져버렸다. 어느덧 시골집은 빈 집이 되었고, 그 시절과 사람들은 사라져버린 것이다. 그리고 그들의 눈동자와 음성만이 따뜻한 비가 되어 내린다. 모든 것이 사라진 흔적 위로 따뜻한 신생의 단비가 내리는 풍경은, 그의 기억이 과거를 향한 퇴영적 행위가 아니라, 존재론적 기원을 상상함으로써 새로운 시간을 예비하는 역설적 작용임을 넌지시 알려준다. 이렇게 우리 모두에게는 비록 "살아있을 동안의 시간이 각자에게 주어진 보석"(「천국의 문」)이지만, "산 자들은 사라진 자들의 마음을/오랫동안 간직하며 추억"(「나를 잊지 말아주세요」)하면서 새로운 시간을 구성해가는 것이다. 우리는 다시 한 번, 소멸과 신생의 변증법이 이번 시집을 관통하는 핵심 미학임을 발견하게 된다.

5.

시인들은 일상에서 무심히 지나치는 사물들의 존재 형식을 통해 생의 본질을 형상화한다. 가령 시인들이 수행하는 그러한 관찰과 표현은, 정서를 직접 드러내는 방식을 가급적 지양하면서, 사물의 존재 형식과 생의 본질을 유추적으로 결합시키는 작법作法을 지향하게 된다. 그래서 시인들이 포착한 사물의 존재 방식은 인간의 그것으로 치환되고, 존재의 심층에 가라앉아 있는 삶의 이법에 대해 사유할 수 있게 해준다. 이처럼 사물의 존재 형식을 통해 생의 비의秘義에 가 닿는 과정은 양도할 수 없는 서정시의 고유한 존재론적 지표라 할 것이다. 김경수 시인은 이번 시집에서, 사물의 불가피한 존재 방식을 통해 생의 비의에 가 닿으려는 일관된 의지와 실천을 보여준다. 완강한 일관성이라 할 수 있을 정도로, 시인은 사물들 속에 편재해 있는 소멸과 신생의 원리에 대한 역설적 사유를 수행한다. 물론 그 원리는 일차적으로 '나무' 같은 구체적 생명체들의 움직임에서 발견되고 있지만, 시인은 그것을 특유의 상상과 몽상으로 결속하여 상상적 확산을 꾀하고 있다. 그래서 우리는 그의 시편들을 통해 소멸과 신생의 원리를 내장하고 있는 사물의 형식과 상상적으로 조우하게 되는 것이다. 구체적 실감과 상상적 양감量感을 동시에 보여준 이번 시집은, 그렇게 세상에서 빛을 다하고 사라져가는 사물들의 풍경을 절절한 언어로 담아내면서, 동시에 고단한 삶을 살아가고 있는 인간들을 유추적으로 향한다. 또한 거기에는 우주적 시간의 소멸과 신생의 흔적들이 선명한 개별성으로 나타난다. 우리는 이러한 시세계를 가능케 한 그의 작법을 일러 시간의 깊이 속에서 드러난 소멸과 신생의 변증법이라 명명할 수 있을 것이다.

더 많은 시편들이 인용되어야 했을 것이다. 가령 이번 시집에는 "추운 날 어둠 속에서 따뜻하게 반짝이는 불빛일지라도/나를 버림으로써 비로소 사랑은 완성된다는 것"(「사랑에게 고백하다」) 같은 사랑의 미학이 아픈 아포리즘들을 수반하면서 가득 펼쳐져 있다. 그는 "이루어질 수 없는 사랑일수록/사랑했던 사람은 가슴에 더 뚜렷이 각인되는 법"(「아픈 사랑 2」)이라고 노래하기도 하고, "사람들은 이 세상에/진정으로 사랑하는 단 한 사람을 만나기 위해서 태어난다."(「꽃이 전해주는 말」)든지 "사랑은 너와 나 사이를 묶는 밧줄"(「나는 너를」)이라든지 하는 표현을 아름답게 이어간다. 그 '사랑'의 힘으로 그는 '소멸 이후'를 꿈꾼다. 결국 김경수 시인은 편재적인 소멸의 형식에도 불구하고 "내 마음의 새를 가둘 수 있는 것은/선善함과 따뜻함"(「돌아온 내 마음의 새」)임을 믿는 사람이다. "사랑하는 사람에게 보내는 비밀스러운 편지"의 "답을 기다리는 떨리는 마음"(「강물을 보다」)을 가진 사람인 것이다. 그 선함과 따뜻함으로, 혹은 그 떨리는 마음으로, 그는 지금도 사라져가는 것들의 뒷모습을 바라보고 있을 것이다.

산 속 찻집 카페에 안개가 산다

시와사상 시인선 17

찍은날 | 2012년 2월 23일
펴낸날 | 2012년 2월 29일

지은이 | 김경수
발행인 | 김경수
펴낸곳 | 시와사상사
부산광역시 금정구 부곡동 325-36번지
전화 : 051-512-4142
팩스 : 051-581-4143
E-mail : sisasang@dreamwiz.com
http://www.sisasang.co.kr

등록번호 | 제05-11-7호
등록일자 | 2005년 7월 18일

인쇄처 | 도서출판 세리윤

값 8,000원

ISBN 978-89-94203-05-8 04810